Inhalt

Umschlag unter Verwendung einer Zeichnung von Bazooka
Satz und Druck: DRUCKHAUS Neue PRESSE Coburg

ISBN 3 88022 256 8

Matthias Horx
Es geht voran
Rotbuch 256

Matthias Horx

Es geht voran

Ein Ernstfall-Roman

Rotbuch Verlag Berlin

ERSTES BUCH

Phase I

KEINE ATEMPAUSE

2. Juni 1989

Mein Kopf brummt wie ein Räumpanzer. Was für ein Traum, wo ein Typ an Joel herumfummelt. Sie hat eins von den Silberkleidern an, die ich so geil finde. Sie kichert und ignoriert mich, und der Typ, eine zahnlose Mutantenimitation grinst wie Fettaugen auf der Suppe. Scheißpillen. Irgendeine unmoralische Brigade hat sie garantiert im Heimverfahren gebastelt. Der Jungnormalo, der sie mir gestern in der Pißkneipe verkauft hat, sollte bestrahlt und gevierteilt werden.

Heute ist Samstag, also wieder der übliche Amok. Joel hängt schon vor der Glotze und haut sich einen alten Fassbinder im Piratenprogramm rein, einen von den Streifen, die heute als extradekadent gelten. Ein Blick und ich weiß, mit Joel ist heute wieder Sense. Seit einer Woche unentwegt im Frustbunker.

Zwei Bullenhubschrauber blubbern im Tiefflug über den Hinterhof. Vorne auf der Straße ziehen die ersten Harten vorbei. Ihre Stiefel klicken auf dem Pflaster. Geh' ich mit oder laß ich's diesmal bleiben? Drei Tote in zwei Wochen ist ein bißchen happig. Aber noch eine Woche Pseudospaghetti ist nicht drin. Ich nehm das Fahrrad. Da ich keine Lust habe, zu den Harten gezählt zu werden, muß ich mir ne gute Geschichte für die Kontrollen einfallen lassen.

Also Richtung Innenstadt treten. Ein paar Rauchwolken sind schon zu sehen. Wie immer am Samstag ist das Freiland ausgestorben, bis auf die Grüppchen in den Seitenstraßen Richtung Innenstadt. Die kennen alle ihre Schleichwege, solange die Bullen beim Personalmangel bleiben.

Nur eine Gruppe von Transformatoren repariert einen klapprigen Bus auf dem Bürgersteig vor der ehemaligen Post. Das Freiland endet hinter den halbverfallenen Seitenflügeln des Gebäudes, in dem sich unsere uner-

müdlichen Ökobastler mit Farbe und Bioanbau zu schaffen machen. Gewächshäuser und Gärten werden von einem leeren Parkplatz begrenzt. Dann kommt die Ecke, wo ich vor zwei Jahren in der Harten-Kommune gelebt habe. Ist ne gute Zeit gewesen, aber dauernd ist jemand eingefahren. Zum Schluß hat mich dann auch das ewige Zündeln geödet. Als sie uns den Block unter dem Arsch abgerissen haben, war ich bei der anschließenden Klopperei mit den Bullen nicht mehr recht bei der Sache. Schon zuviel Scheiße war unter uns abgelaufen. Wozu dann noch Knast und weichklopfen lassen.
Jetzt kommt der Braß doch wieder hoch. In dem Loch, wo früher unser Haus stand, rosten die Kräne. Ganz unten recken sich die Stahlstreben unbenutzt aus dem Beton. HIER ENTSTEHT EIN ÖFFENTLICHER SCHUTZRAUM FÜR 2000 PERSONEN. Das Schild baumelt am letzten Nagel. Bis vor zwei Monaten haben sie noch gebaut, dann ist ihnen die Kohle ausgegangen. Oder sie haben Angst gekriegt, daß ihnen das Freiland ihren Betonsarg in die Luft sprengt.
An der Absperrung gebe ich meine Geschichte zum besten. Meine Frau ist schwanger und braucht dringend ne Droge. Das schwarzgekleidete Bullenlümmelchen guckt tiefsinnig in meine Freilandpapiere, blickt fragend zu seinem Rudelleiter, der lässig an der Wanne lehnt und winkt mich dann müde durch. »Komm uns ja nicht unter die Finger«, knurrt er mir hinterher.
An der Ecke vorm Kaufhof ist das Gummischwirren schon im Gange. Ein paar Undefinierbare machen Allianz mit einem Trupp von Superharten und arbeiten sich langsam auf die Fassade zu. Die Restlichen auf dem Platz stehn eher träge da. Ungefähr dreitausend, bunt gemischt. Viele Harte, ein paar Transformatoren, die wie üblich nur Zuschauer spielen, und eine Menge Apokalyptiker mit Pillenblick. Unsere christlichen Märtyrer, die Weißkittel, haben den Sanitätsdienst organisiert. Verirrte Normalos schlängeln sich ängstlich durch die Menge, die Einkaufstüten unter den Mänteln versteckt.

Ein Insulaner drückt mir einen seiner Kataloge in die Hand. Zehntausend Eier wollen die jetzt haben. »Wenn du heute noch eintrittst«, sagt der Typ, »kannst du schon nächste Woche runterfliegen.« Er lächelt wie nach einer Überdosis Glückspillen. Auf seinem Zettelchen eine Inselgruppe in Vierfarbdruck. Sandstrände. Palmen. Selbstredend ökologische Technik. *»MACH MIT BEI UNSEREN SÜDSEEKOLONIEN – großzügige Kommunen erwarten dich. Für unser Projekt brauchst du keine Ausreisegenehmigung.«*

Nein danke, nichts für mich. Alles Normalos auf diesem Südseegulasch. Knallharte Sozialregeln und religiöses Tamtam sind obligatorisch, zuerst wird man durch ne Psychomühle gedreht, und dann ist alles verboten: Pillen, Suff, Quervögeln. Wie soll man das aushalten, abgesehen davon, daß ich an zehntausend Eier eh nicht rankomme.

Weiter hinten brennt die Straße, und die Bullen feuern jetzt Stakkato auf den Trupp, der gerade Fenstergitter aufhebelt. Die Alarmanlage wimmert, und die Kids machen eine Kette nach hinten. Sekt und billige Stoffe, ansonsten wieder nur Attrappen. Weiter vorn halten ein paar andere die Bullen durch Steine auf Gasdistanz. Lange geht das nicht mehr gut.

Vom Börsenplatz her hört man jetzt das Schildgetrommel eines Greiftrupps. In breiter Front kommen sie die Straße runter. Zwei Reihen Langstöcke, dahinter ein paar Kotzsprüher mit Tornistern und dahinter die Räumpanzer. Die Harten schmeißen Sektflaschen, dann blasen sie zum Rückzug. Alles drängt in Richtung Katharinenkirche. Hinter mir geht ein Tabakgeschäft zu Bruch. Der Hubschrauber kommt tiefer, gleich wird er Kotznebel aus den Tanks lassen. Ich drück mich erstmal in eine Passage.

Ein Stück weiter scheint der Platz wieder bullenfrei zu sein. Ein paar Karren brennen sinnlos vor sich hin, eine Gruppe Mini-Kids futtert gierig aus erbeuteten Konserven. Ein Harter sprüht aufs Goethedenkmal: »Folter,

Terror, Mord und Haß, das macht auch den Bullen Spaß.« Einige Transformatoren können es wieder nicht lassen, mit ihm zu diskutieren.
Auf der Südseite geht der Zauber richtig los. Eine ganze Reihe Räumpanzer treiben die Leute vor sich her. Allmählich geht auch das Gewürge los, es wird neblig. Hinten an der Ecke macht es »Blaff«, als ein kleiner Trupp den Fehler begeht, gegen eine Fassade aus Reflextionsglas vorzugehen. Die Steine kommen zurückgeflogen. Es gibt blutige Köpfe. Die Weißkittel rennen mit Tragen durch die Menge.
Ich laufe mit einem Pulk Glatzköpfe Richtung Oper. Plötzlich ist Johnny an meiner Seite, mit ihm hab ich in der Harten-Kommune gewohnt. ›Radieschen‹ haben wir ihn immer nur genannt und jetzt ist er bei den Transformatoren. »Es läuft nicht schlecht«, erzählt er beim Laufen, »wir haben jetzt auch die ganze AEG gekriegt. Ich brauch kaum noch Armengehalt, denn die Gewächshäuser laufen gut. Du solltest deinen Frust an den Nagel hängen und endlich mitmachen.«
»Von wegen«, knurre ich, »solange ich euer Gemüse auch noch kaufen muß . . . Ich glaube immer noch nicht an den ganzen Quatsch. »Solange jeden Tag die Chance größer wird, daß wir die Brocken um die Ohren kriegen, mach ich keinen Finger krumm.«
»Was hast du gestern gegessen?«, fragt Radieschen spitz und fingert nervös eine Kippe aus dem Brustbeutel, als wir eine Laufpause haben.
»Okay, nicht schlecht gefragt. Aber lieber fresse ich weiter Pseudoware als 16 Stunden am Tag euren ›Aufbau für die Zukunft‹.«
»Wenn du sie nicht machst, kommt sie nicht.«
Immer das gleiche. Immer diese knietiefe Hoffnung, die Normalos doch noch zur Vernunft zu bringen. Da haben die Harten die besseren Argumente, nur ich hab keinen Bock auf Internierungscamps.
Vor uns krachen die Auslagen aufs Pflaster. Die Alarmanlagen singen Chor, und ich greife mir noch ein paar

Salatköpfe ab, bevor ich zusehe, daß ich aus diesem Geholze rauskomme.

3. Juni

»Ich möchte weg sein«, sagt Joel und schiebt sich ein Blatt des matschigen Salats in den Mund.
»Hör doch auf. Du weißt doch, daß die Grenzen dicht sind.«
»Das meine ich doch nicht. Ich möchte mich in Luft auflösen, vielleicht zehn Jahre, bis diese ganze Chose vorbei ist. Und dann, wenn alles in Scherben liegt oder verfault ist, möchte ich wieder aus der Luft erscheinen.«
Pause. Joel stochert auf dem Teller rum: »Das nächste Mal riskierst du was anderes als Pseudospaghetti.«
»Die echten sind doppelt so teuer. Aber du lenkst ab. Hast du die Fernsehdisikussion gestern abend gesehen?«
»Ja, ein Transformator agitierte eine besorgte Hausfrau, die angeblich eingesehen hat, daß Abhauen nichts bringt. Sogar ein Apokalyptiker durfte reden. Das war ein komischer Vogel. Er hat gesagt: Ganz klar, daß es zum großen Bums kommt. Und wenn es nicht dazu käme, müßte man einen inszenieren.«
»Was?«
»Hat er nicht irgendwie recht? Der Bums wäre eigentlich nur logisch, ein Schlußstrich unter die ganze Scheiße. Und vielleicht sogar notwendig für einen Neuanfang.«
»Bist du völlig abgetreten?« Allmählich werde ich wütend. »Vielleicht sind wir auf dem falschen Dampfer«, fährt sie unbeirrt fort. »Je mehr ich darüber nachdenke, desto sehnsüchtiger wünsche ich mir eine anständige Katastrophe, die dieses lausige Hin und Her zwischen Transformatorenwahn und rationalem Gequake, zwischen Weinerlichkeit und Erlösungshoffnung . . .«
»Du wirst pathetisch«, bemerke ich knapp. »Außerdem redest du wie die Edelfaschos.«
»Das ist es ja. Immer redet man wie irgendwas und irgendwer. Man redet wie die Russen oder die Amis, wie

Interview mit dem Innenminister, 3. Juni 89 im nationalen Einheitsprogramm

Reporter: *Herr Minister, was wollen Sie gegen die zunehmenden Gewalttätigkeiten und Plünderungen der letzten Wochen unternehmen?*
Innenminister: *Sie wissen so gut wie ich, daß es heute nicht einfach ist, genügend Personal für polizeiliche Maßnahmen bereitzustellen.*
Reporter: *Aber hat sich die Entscheidung, die sogenannten »Freiländer« zu legalisieren, nicht als falsch erwiesen? Warum haben Sie darauf verzichtet, in diesen Gebieten Polizeiaktionen durchzuführen?*
Innenminister: *Sie wissen so gut wie ich, daß man es unter Umständen vorziehen muß, Sachschäden in Kauf zu nehmen, anstatt bewaffnete Auseinandersetzungen in den größeren Städten des Landes zu riskieren. Das Auswanderungsproblem hat uns alle vor Probleme gestellt, die wir nicht mit konventionellen Methoden behandeln können. Wir hätten ernsthaftere Versorgungsschwierigkeiten, wenn sich die Gruppe der Jugendlichen, die sich in den Freilandgebieten aufhält, nicht zum größten Teil selbst versorgen würde. Etwa fünfzig Prozent aller Betriebe haben im letzten Jahr Konkurs angemeldet. Außerdem glauben wir, daß sich die Fraktion der sogenannten Transformatoren früher oder später gegenüber dem Aufruhr-Potential durchsetzen wird. Und bedenken sie auch folgendes: Für uns ist es leichter, zusammenhängende Gebiete zu überschauen, als unkontrollierbare, verstreute Potentiale zu überwachen.*
Reporter: *Herr Minister, warum setzen Sie nicht das Militär als Ordnungsfaktor ein?*
Innenminister: *Weil im Zustand der bedingten Mobilmachung das Militär zunächst andere Aufgaben hat. Ich erwähne nur: Sicherung der Grenzen gegen illegale Auswanderer, Erhöhung der Kampfbereitschaft.*
Reporter: *Mehr als die Hälfte der wehrfähigen Altersgruppen lebt heute in den Freilandarealen. Wann wird das Verweigerungsrecht fallen?*
Innenminister: *Darüber wird auf der Krisenkonferenz nächste Woche zu reden sein. Ich weise allerdings darauf hin, daß wir sehr, ich betone, sehr sorgfältig prüfen müssen, ob dies nicht die Verteidigungsbereitschaft eher schwächen würde.*
Reporter: *Sie reden von Bürgerkrieg?*
Innenminister: *Nennen Sie es, wie Sie wollen. Auf jeden Fall sind uns einige zerbrochene Fensterscheiben und gestohlene Attrappen lieber als Insurrektionen innerhalb der Streitkräfte, die wir durch das Standrecht bekämpfen müßten. . . .*

die Ganz-Schlauen oder die Hypernormalos. Was man auch redet, denkt, fühlt, immer sitzt schon einer drauf . . .«
»Du hast nen Psychoamok.«
»Ja!«, sagt sie und knallt sich auf das ausgelutschte Sofa. »Und das ist immer noch besser als dein Distanztrip. Da kannst du dir auf die Dauer gleich nen Schnelltöter reinpfeifen.«
»Und was schlägst du vor?«
»Was schlag ich vor, immer diese Frage! Erstmal hab ich die Nase voll, dauernd dafür zu sorgen, daß diese Bude nicht versypht, während du Salatblätter klaust oder tiefsinnig Wände anstarrst.«
»Du machst ja auch nichts anderes.«

Wir liegen dann still auf der Matratze herum. Auf dem brüchigen Lampenkabel putzt sich eine Fliege, als ginge es um Sauberkeit. Joel mit ihren hilflosen Kleinamoks. Joel, die keine Pillen einwirft und nicht säuft. Wie ein Dornröschen, nur bin ich ein Prinzversager. Trotzdem hilft sie mir immer wieder dabei, den Amok zu stoppen und nicht ganz auszubrennen.

5. Juni

Viertelversammlung. Die Harten sind wieder in der Sprücheoffensive. Sonst ist der Saal ziemlich leer. Nur noch ich, ein paar Undefinierbare und Super-Joe mit seinem Transformatorentrupp, dem einzigen des Viertels. Er prahlt mit einem Kindergarten, den die Gruppe organisiert hat. Die Harten, diese Kinderhasser, machen ihn prompt an, er könne mit seinen Kids noch nicht mal den Teil der Lebensmittelbeschaffung organisieren, den er freiwillig übernommen hatte. Die übliche Schreierei. Joe kontert, daß mit der Froschhaut, die die Harten fürs Gemüse bezahlen müssen, sowieso nichts mehr anzufangen ist, wenn man nicht gerade mit Auswanderungsfür-

zen herummacht. Außerdem könnten die Harten ja selber mal ein Glashaus bauen.
Dann kommt wieder der Vorschlag, die ganzen Viertelpflichten einfach aufzulösen. Jede Gruppe könne autark für sich selber sorgen. Da muß ich dann doch was sagen und spreche gleich für die Singles und Einzelpaare mit. Ich argumentiere, daß wir die Harten gerade jetzt brauchen, wo die Krisenfritzen mit dem Militärdienst was drehen wollen. Auf der anderen Seite ist mit der Verteidigung des Freilandes gegen die Rekrutierungstruppe nichts drin, wenn die minimale Organisation nicht klappt. Für die Einzelnen würde ein Auflösungsbeschluß mit dem Rausschmiß und dem Armengehalt gleichlaufen. Gut, das wird eingesehen.
Dann gibt es noch Hickhack über die Biogasanlage. Im Haupthof von Super-Joes Gruppe ist wieder mal ne Leitung geplatzt, und die Scheiße steht kniehoch. Die Harten sind faul wie immer, die meisten frieren sich im Winter eher den Arsch ab, als sich ans Netz zu hängen. Jetzt, wo es warm ist, sehen sie sowieso nichts ein. Wer macht also mit beim Reparieren? Na gut, ich melde mich. Dann: Wieweit hat die Elektrikergruppe vorgeplant, wenn die Stromsperren des öffentlichen Netzes endgültig werden? Scheißglotze, macht eh nur Frust, behauptet einer, wird aber niedergeschrien. Also Sammeln für nen größeren Generator. Da können wir lange sammeln. Frage: Wo klaut man das Ding? Kann man nicht klauen, zu sperrig, eher mehrere kleine versuchen, mit Gasbetrieb und hintereinanderschalten. Dann müßten wir die Biogasanlage erweitern, aber wo kriegen wir genügend Scheiße her? Einer schlägt vor, Kühe anzuschaffen, weil deren Mist sich in den Faultürmen schneller zersetzt. Für Futtermittel kann man ne Bezuschussungsanfrage an die Stadtverwaltung machen, die müssen so was auch fürs Freiland finanzieren. Und schon fängt einer wieder an, wir sollten aufhören, Froschhaut von der Verwaltung zu holen, wäre eh bald Sense damit.
Dann noch der übliche Kleinkram: Wer mietet den

Aus einem Flugblatt der Transformatoren

Du hast Angst.
Ich habe Angst.
Angst ist das Gefühl der Epoche.
Aber Angst ist ein negatives Gefühl.
Es geht auf das Konto der Apokalypse.
Es unterstützt die Normalität der Vernichtung.
Es macht sich Luft in sinnlosen Gewaltakten, in der Illusion, daß die große Gewalt durch die kleine zu verhindern wäre.
Also müssen wir positiv werden. Nur, wenn der Geist des Positiven sich ausbreitet, wird es uns gelingen, das Steuer herumzureißen in Richtung Zukunft.
Wir Transformatoren haben erkannt, daß wir in einer Zeit leben, wo das Alte nicht aufhören will und das Neue erdrückt wird. Wir müssen entscheiden, auf welcher Seite wir stehen. Wir wollen jetzt, hier und heute, mit dem Neuen, dem Positiven anfangen, damit eine Welt der Harmonie inmitten des Zerfalls beginnt.
Bevor die alte Welt ihr Todesprogramm auslöst, werden wir das Positiv-Programm so weit ausgedehnt haben, daß ihnen der Finger auf dem Weg zum roten Knopf erstarrt.
Egal, wie verzweifelt du bist: Nimm teil an unserem ökologischen Trainingsprogramm, tritt ein und wärme dich.
Die Zeit drängt.

Sattelschlepper fürs Winterholz? Letzten Winter haben sich die meisten den Arsch abgefroren, auch in den Höhlen, die am Bionetz sind, reichte das Scheißgas nur bis zum Dezember, mit Kühen vielleicht bis Januar. Irgendwo verkaufen die Landtransformatoren einen halben Wald zu Schleuderpreisen. Sehr ökologisch. Planung des Viertelfestes, und wie verhindert man die obligatorischen Keilereien.
Was wir machen, falls die Supernormalos im Freiland rekrutieren sollten, wissen wir immer noch nicht. Die Debatte wird verschoben, weil sowieso niemand daran glaubt.

6. Juni

Der Friedensmarsch zum Flughafen ist wie immer verboten. Gestern war ich mit Joel bei der Vorbereitung. Diesmal will niemand Risiken – auch die Harten nicht. Keine Ballermänner, eher die Weißkittel bei ihren Psychoritualen unterstützen. Die scheinen in letzter Zeit zu wirken – wie man hört, wird desertiert wie nie zuvor, auch bei den Amis.
Ob die Bullen diesmal mitspielen, ist unsicher. Kundgebung fällt aus. Das Gelaber der verschiedenen Vereine ist schließlich bekannt.
Heute morgen war dann klar, daß die Transformatoren wieder mit den Bullen gemauschelt haben – sie fuhren mit ihren Lautsprecherwagen durchs Freiland und verkündeten, daß die Demo doch noch erlaubt ist.
Hinter dem Südkreuz gerät unser Bus (die Harten haben eine Schrottscherbe organisiert) in den obligatorischen Filzstau. Aber an der Kontrolle passiert nichts. Unsere Viertelharten haben sich betont hippihaft angezogen, die Bullen finden keine Cocktails, noch nicht mal Eisenstangen.
Joel und ich setzen uns etwas vom Hauptstrom ab. Wir wandern durchs Unterholz. Das Gedröhne der vollbeladenen Killdrachen für den Nahen Osten hängt in der

Luft, und dieser schwere Geruch von Kerosin. Der Wald hier stirbt. Die Nadelbäume sind kahl bis kurz unter die Krone, dicke Dornenranken ziehen sich wie Stacheldraht über den Boden, eine mannshohe Nesselart hat sich totalitär vermehrt. Vielleicht war doch etwas dran an dem Gerücht über den Giftgasunfall. Vor zwei Jahren soll da etwas auf der Air-Base passiert sein. Aber Genaues weiß niemand.
Joel erzählt von einem Traum, den sie letzte Nacht geträumt hat, von einem Wald ohne Ende, mit freundlichen Vögeln, so groß wie Luftlandetransporter. Ich weiß nie, was ich zu ihren Kinderträumen sagen soll.
Dann der elektrische Zaun. Kiffende GIs hocken dahinter auf ihren MG-Nestern. Seit der Geschichte, wo die Harten mit dem Granatwerfer aus dem Wald geballert haben, sind auch irgendwo weiter hinten Panzer stationiert, erzählt man jedenfalls. Die Demo hat sich weit verstreut. Die Weißkittel, die sich wieder reichlich mit Himbeersaft beschmiert haben, singen ihre Trotzchoräle, von denen man durch den Lärm wenig hört. Ich treffe Bekannte: »Hallolangenichtgesehen«, »Wasmachstnjetzt«, »Vielleichtnocheinversuchnachmarokko.«
Hundert Meter östlich ist plötzlich ein Stück Zaun weg. Durch die Bresche drängen sich die Weißkittel, die furchtbar mutig und laut singen. Als sie unbeirrt auf die GIs zulaufen, geraten sie in ein Kotzgas-Minenfeld. Als jetzt ein paar Amibullen in Kampfmontur mit der Prügelei anfangen, können sich die Harten nicht mehr zurückhalten. Sie werfen erstmal Knallkörper. Knapp über Joels Kopf klatscht ein Gummigeschoß an einen Baum und schwirrt als Querschläger durchs Gehölz. Joel ist käsebleich. Sie will nicht mehr. Auf dem Rückweg hören wir hinter uns harte Schüsse. Sie fängt an zu heulen. Als ich ihr eine Sanftmacher-Kapsel anbiete, gibt sie mir eine Ohrfeige. Hätte ich vorher wissen müssen.

Aus einem Flugblatt der Harten
(Kamikaze Bockenheim)

Wenn Deutschland brennt,
Dann zündeln wir mit,
Und schicken noch'n paar Fettnormalos
in die Umlaufbahn.
Na klar, da labern alle Besserwisser von Zukunft und Verändern und Katastrophe abwenden. Wieso eigentlich? Daß die Chose hier bald vorbei ist, sollte allmählich jeder in die Birne gekriegt haben. Ein Blitz, ein Bums, und übrig bleibt noch ein Haufen verstrahlter Scheiße.
Also sparen wir uns das transformatorische Blümchenputzen lieber. Die Läden sind voll, die Normalos haben jede Menge fescher Villen dagelassen. Warum also im Freiland bleiben? Um den Bullen nen Gefallen zu tun, damit sie uns hübsch im Zoo haben? Nix da! Der echte Amok kennt keine Atempause – und die Zeit ist knapp. Also am nächsten Samstag zur gewohnten Zeit Freßfest in der Innenstadt. Warm anziehen – es wird heiß!

10. Juni

Der Typ grinst breit. »Ich mach keine Linkereien. Das hier ist saubere Arbeit. Außerdem gehe ich davon aus, daß ihr mich verpfeift, wenn ihr wegen mir geschnappt werdet.«
Wenigstens ist er ehrlich. War nicht einfach, ihn aufzutreiben. Eine codierte Anzeige in der Zeitung, von der Joel sagte, sie wisse, daß das in Ordnung sei. Ein befreundeter Transformator hatte ihr einen Tip gegeben. In der Anzeige hieß es: »Wir helfen Ihnen bei den Ausreiseformalitäten.«
In einem dichten Gehölz ist der Weg plötzlich zu Ende. Der Jungnormalo stoppt den Wagen und schaltet den Motor aus. »Hier ist Schluß«, sagt er, »wenn ihr immer geradeaus geht, kommt ihr auf einen Kartoffelacker. Dahinter ist eine fast schulterhohe Wiese. Dahinter, am Waldrand, verläuft die Grenze. Die Patrouillen sind unregelmäßig, haben aber kaum Hunde. Beobachtungstürme liegen fünfhundert Meter östlich und einen Kilometer westlich. Ihr werdet sie am Lichtschein sehen. Von dem Scheinwerfer, der ein kleines Stückchen weiter unten am Waldrand ist, solltet ihr euch nicht irritieren lassen. Ist nur Bluff, unbemannt.«
»Ganz sicher? Ist das auch der neueste Stand?«, fragt Joel etwas unsicher.
»Hundert Prozent. Meinen Tausender bitte.«
Joel gibt ihm das Geld, dann steigen wir aus. Der Wagen wendet und verschwindet leise brummend in der Dunkelheit. Es ist kühl, ein wenig nebelig und riecht nach nassem Heu. Wir setzen unsere Rucksäcke auf. Joels Hand krallt sich in meine, als wir in Richtung auf das heisere Hundegebell in der Ferne gehen.

11. Juni

Es war wirklich kein Problem. Der Stacheldraht war ein Witz, keine Infrarotschranken, keine Streifen, nichts von dem, worüber man in der Zeitung liest. Wir umgingen ein grenznahes Dorf, noch zehn Kilometer durch den Wald, immer nach Westen, dann fanden wir eine geschützte Stelle zum Pennen.
Heute knallt die Sonne von einem wolkenlosen Himmel. Die Karte sagt uns, daß wir noch 20 Kilometer bis zum Treffpunkt mit Joels Onkel zu laufen haben. Wir dürfen auf keinen Fall einem französischen Bullen begegnen, denn hier in der Nähe der Grenze werden sie unsere getürkten Emigrantenausweise garantiert unter die Lupe nehmen.
Und dann ist da noch die Frage, ob Joels Onkel wirklich sein Versprechen hält. Es hat zehn Telefonate gekostet, ihn zu überreden, uns runter zur Hoffnungskommune zu bringen. Er wäre ja schon auf dem Absprung, jeden Tag könne sein Schiffsplatz nach Südamerika abgerufen werden. Seine Frau und seine Kinder, er könne kein Risiko eingehen. Joel hat gebettelt und ihn dann psychologisch eingemacht, ihn an die Zeiten erinnert, als der Onkel bei den Ökos war und Joel agitierte. Er könne jetzt nicht einfach weg, ohne wenigstens ne Handreichung zu machen. Schließlich hat er eingewilligt, unter der Bedingung, daß wir sonst nichts von ihm wollen.
Fünf Stunden Fußmarsch mit den schweren Rucksäcken. Ein Bauer sieht uns mißtrauisch nach, als wir ein Stück Feld überqueren. Dann überholt uns ein Fahrradfahrer mit dicken Gepäcktaschen. Ist wohl auf dem gleichen Trip wie wir. Zuletzt eine verfallene Kapelle am Waldrand. Da steht wirklich der grüne Kombi des Onkels. Er ist ein langhaariger, etwas dicklicher Normalo, dem man den Suff, aber auch das Denken anmerkt. Er ist nervös, drückt uns feucht die Hände, blickt in der Gegend herum und fordert uns auf, einzusteigen, bevor Joel sich bedanken kann.

Auf der Fahrt reden wir wenig. Hinter Lyon ein Stau. Viele deutsche Mittelklassewagen, alle mit dem grünen Emigrationsaufkleber an der Heckscheibe. Der Onkel erzählt jetzt vom Transitcamp in Marseille. Er ist sichtlich angewidert. Komischerweise haßt er die Normalos. War früher eben Ökomoralist, da bleibt etwas hängen, auch wenn er jetzt Kohle hat.
Er erzählt, daß ganz Marseille von Autos und Zelten umgeben ist, die am Straßenrand oder auf freien Plätzen stehen. Da warten die Normalos monatelang auf ihre Passage. Die Transitmafia erhöht ständig die Preise, und Hunderte von Einreise-Schiebern sind unterwegs. Sie verkaufen vor allem Visa und Tickets für die südamerikanischen Länder. Die Normalos müssen nach und nach ihre ganzen mitgebrachten Preziosen verkaufen und unterbieten sich gegenseitig. Die meisten haben Knarren, um ihre Kostbarkeiten zu beschützen. Es gibt Schießereien. Und inzwischen auch Seuchen. Die Franzosen sind gerade dabei, Internierungscamps zu bauen. Für Argentinien löhnt eine Familie heute fünfzigtausend Piepen.
Der Onkel selbst hatte schon früher den Durchblick. Bereits vor zwei Jahren hat er sich eine Hütte in einem Ort an der Küste gemietet und gleich einen Fluchtplatz dazu gebucht. Aber der Kahn ist mit Mann und Maus abgesoffen, zwei Monate, bevor der Onkel mit seiner Familie dran gewesen wäre. Er hatte auch schon das Visum für Uruguay. Totalverlust. »Es ist schon merkwürdig«, sinniert er, »seit dieses Europa den Bach runter geht, sanieren sich die Länder der Dritten Welt nur über die Einreisevisa. Auch eine Art von Gerechtigkeit.« Dann schweigt er wieder. Man spürt das schlechte Gewissen wegen seiner Kohle. Die hat er mit Patenten für Solarzellen verdient.
Bis Avignon keine Kontrollen. Dahinter biegen wir ab, weil jetzt auf den großen Straßen alles dicht ist. Sanfte Hügel und Lavendelfelder in perversem Blau. Bald darauf setzt uns der Onkel ab. Wir wünschen uns

gegenseitig Glück. »Vielleicht sehen wir uns ja noch mal wieder«, sagt der Onkel hilflos, »vielleicht ist das ja alles bald vorbei.« Er merkt gar nicht, wie doppeldeutig dieser Satz ist, dann schwingt er sich in seinen lammfellbezogenen Fahrersitz und drückt aufs Gas. Es wird dunkel. Wir breiten unsere Schlafsäcke in einem Pinienwald aus.

12. Juni

Ein Langhaariger sitzt im Kommunehof und fummelt mit einem Streichholz den Dreck unter den Fußnägeln hervor. Er blickt nur kurz auf, als wir verschwitzt und bepackt auf ihn zugehen.
»Kann sein, daß ihr zu spät kommt«, nuschelt er.
»Wo sind die anderen«, frage ich.
»Da hinten in der Scheune wohnen noch ein paar Pillenfresser. Der Rest ist in den letzten Wochen ausgeflogen.«
»Aber wir haben vor einer Woche mit Nicole telefoniert. Sie sagte, es sei alles in Ordnung. Zwei würden gehen, und wir könnten einsteigen.«
Der Typ kichert. »Das war noch, bevor Papi und Mami kamen. Die standen vor vier Tagen vor der Tür und sagten: Nicole, liebes Kind, wir haben eine Passage nach Somalia. Deinen Freund kannst du mitnehmen.«
»Und sie ist mitgegangen? Ich weiß, daß sie ihre Alten gehaßt hat!«
»Alles ist relativ«, sagt der Typ und kratzt sich den Arm, der mit Flohstichen garniert ist. »Sie war schwanger. Außerdem Streit um Kohle und ums Prinzip. Die Pärchen machten auf Idylle und Transformation, die Einzelnen sind abgedriftet Richtung inneres Licht. Das übliche.«
»Und die anderen?«
»Nachdem Nicole und ihr Macker weg waren, gab's nen erfolgreichen Selbstmord. Die anderen sind nach Marseille.«
»Haben sie Kohle für den Transit?«

»Nein. Aber die Normalos haben's doch reichlich.«
»Und du«, fragt jetzt Joel, »warum bleibst du?«
»Ich hab nicht viel zu tun«, sagt der Langhaarige, »ergo nicht viel zu verlieren.« Als er aufblickt sehe ich in seinen Augen Totmacherdrogen.

Die Nacht pennen wir auf der Veranda inmitten von Scherben. Das Glasdach ist heruntergekommen. Ein verwildertes Schwein grunzt um unsere Schlafsäcke. Der rostige Turm des Windgenerators ist gerupft, die Rotorblätter fehlen. Vor zwei Jahren hatten wir mitgeholfen, die Anlage zu bauen.
Die Pillenfresser in der Scheune feiern ein Fest. Der Hof steht voller Autos mit französischen Kennzeichen, man hört schnelle Elektromusik, zu der die Leute tanzen. Ab und zu klirrt eine Flasche.
»Und jetzt?«, fragt Joel in das Grillengezirpe einer Geräuschpause.
»Ich kenne noch Leute in den Pyrenäen.«
»Das wird dasselbe sein wie hier.«
»Willst du zurück?«
»Ich sag dir nur eins. Ich mache keinen Bruch, keine Bank, kein nichts. Also auch keinen Transit. Dazu bin ich nicht der Typ.«

13. Juni

Eigentlich ist es sehr schnell gegangen. Der erste Fahrer Richtung Bordeaux war in Ordnung. Beim zweiten hatten wir komische Gefühle – ein verkniffener Normalo, der uns schräg beäugte. Der dritte schickte uns die Bullen auf den Hals. In den Wald, wo wir gerade Konserven aufwärmen wollten. Sie kamen erst mit einem Hubschrauber, dann mit Hunden. Es waren nicht viele, aber wir waren müde. So nahm Joel mich am Arm, und wir gingen auf sie zu. Der Oberbulle sprach ein bißchen deutsch, lachte kurz, als er unsere Emigrantenausweise sah und bat uns dann höflich in den Gitterwagen. Die

halbe Nacht Verhöre, wer uns über die Grenze gebracht hat, von wem die Ausweise stammen. Sie glaubten uns schließlich, als wir von einem Verwandten erzählten, dessen Namen wir nicht nennen würden, selbst, wenn sie uns prügelten. Sie sind nur an Organisationen interessiert, nicht an Einzelpersonen.
Der ganze Zug nach Deutschland ist voller Gegriffener. Auf dem Flur haben die deutschen und französischen Bullen ihre Knarren locker umgehängt. Man handelt billige Transittips, offene Grenzabschnitte. Am Übergang haut uns ein gelangweilter Grenzer den Stempel ›illegaler Auswanderungsversuch‹ in unsere Identitätskarten. Das war alles. Aus unserer Freiland-Bleibe haben sie den Holzherd geklaut. Das Bett ist noch da.

18. Juni

Joel flippt bei allen möglichen Versammlungen herum. Sie glaubt immer noch, daß es eine Linie geben könnte, obwohl sie heute die Harten und morgen wieder Transformatorenglauben vertritt.
Anstatt alleine rumzuhängen, gehe ich ins ›Geräusch‹, die Kneipe in der alten Lurgi-Fabrik. Die einzige, die in unserem Teil des Freilands noch funktioniert. Elektronik-Gehacke schlägt mir entgegen. Die Geräuschkenner nennen diesen Lärm ›suizidäre Symphonien‹ oder so, ist jedenfalls groß in Mode. Ich habe da wenig Durchblick.
Hinter der Theke steht Pißnelke, ein alter Freund. Er zapft Fusel.
»Willst du Alk. Oder lieber Antifrustpillen?«, fragt er mich.
Ich bestelle einen entsetzlich sauren Transformatorenwein, und Pißnelke macht mir keinen Strich auf den Deckel. Sehr anständig.
»Hab gehört, du und Joel, ihr habt euch rausgezogen«, sagt er jetzt, »vor zwei Jahren, als die alte Hartenszene auseinander ist. Ich hätte schwören können, ihr landet bei den Transformatoren.«

Aus dem Nachrichtenmagazin des Nationalen Kanals, 15. Juni 1989

Im Krisenkabinett konnte man sich heute nicht darauf einigen, wie die zunehmenden illegalen Auswanderungen und Kapitalfluchten wirksam bekämpft werden können. Der Justizminister sprach von einem »Justiznotstand, der es nicht erlaubt, Personen, die an der Grenze ohne gültiges Ausreisevisum angetroffen werden, strafrechtlich zu belangen«. Dies wäre erst im Ernstfall möglich. Trotz berechtigter Forderungen aus dem Ausland wünscht die Bundesregierung keinen Waffeneinsatz an den Grenzen.

Das Kabinett kündigte weitere Steuervorteile für diejenigen an, die ihr Kapital und ihren Wohnsitz in der Bundesrepublik belassen.

Die Deeskalationsverhandlungen von Herleshausen sind heute erneut unterbrochen worden. Die östliche Seite drohte mit Abbruch, falls die angebliche Erhöhung des Neutronenwaffenpotentials in der BRD nicht unterbliebe. Man dementierte von dieser Seite gleichzeitig, daß die Zahl der lasergesteuerten Gefechtsfeldwaffen vom Typ SS45, die in der DDR stationiert sind, 200 Einheiten übersteige. Unsere Nachrichtendienste haben bisher schon mehr als 500 dieser Objekte geortet. Der Abbruch der Gespräche gefährdet auch die Verhandlungen der Kategorie Streu/Mehrfachköpfe und die Verhandlungen über nukleare Verminung des Grenzgebietes.

Der Vorsitzende des Bundesverbandes für den Selbstschutz, Krieger, hat die Behörden erneut dazu aufgefordert, den Bau öffentlicher Schutzräume voranzutreiben. Nach einer neueren Umfrage würden jedoch lediglich 10 % der verbleibenden Bevölkerung im Ernstfall einen solchen Raum aufsuchen, vermeldete das Innenministerium. Krieger: »Der Trend zum privaten Schutzraum hält zwar an, aber das meiste, was da gebaut wird, hält baupolizeilichen Kriterien nicht stand, zumal meistens die Kapitalmittel gerade jenen Bürgern fehlen, die sich, anstatt ins Ausland zu gehen, auf den Fall der Fälle vorbereiten.«

Attentate gab es heute in Bremen, Castrop-Rauxel, Berlin und Hamburg. In Saarbrücken wurde ein Munitionsdepot in die Luft gesprengt. Nach den Untersuchungen der Militärpolizei waren die Täter Wehrpflichtige.

Das Wetter: Nieselregen und für die Jahreszeit zu kühl.

»Wir waren auch mal ne Zeitlang bei ner Gruppe, die so ähnlich drauf war«, sage – oder vielmehr brülle – ich zurück. »Aber als sie anfingen, Arbeitspläne zu machen, die den ganzen Tag verhackstückten, sind wir raus.«
»Und jetzt?«
»Jetzt wohnen wir in dem Neubau hinten am Castanedaplatz.«
»Allein zu zweit?« Er kriegt einen sarkastischen Unterton und rollt mit den Augen.
»Mit den Ratten«, gebe ich zurück.
»Und ihr geht euch nicht auf den Zweierkeks?«
»Doch. Aber es hält sich.«
»Ich wette, ihr plant nen Abgang ins Ausland.«
»Ham wir schon versucht, nach Frankreich.«
»Und?«
»Drei Tage.«
»Immerhin, das ist ja schon fast Rekord. Rübezahl – er schleicht da hinten, du kennst ihn bestimmt – hat es letzte Woche mit ner ganzen Gruppe nach Dänemark versucht. Das Mietboot war ein Bullenboot. Und Fritz hat's mit seinen Alten in die Schweiz versucht. Nach zwei Wochen hat er Streit gekriegt. Sie haben ihn rausgeschmissen. Und kurz darauf ham die Bullen ihn abkassiert.«
»Und wo sind Prinz Eisenherz und Schnauzbart-Lutz?«
»Beide Internierungslager. Sollen das Kreiswehrersatz dynamisiert haben.«
»Keine Chance, sie rauszukriegen?«
»Keine. Die Bullen haben Lutz freigestellt, zehn Jahre Bau oder Uniform-Zombie.«
»Ich denke, die nehmen nur noch Jungnormalos fürs Militär.«
». . . Und selbst mit denen klappt's nicht«, freut sich Pißnelke. »Das glorreiche Bundesheer wimmelt von Selbsttötern und Sabotage. Und die gemurksten Offiziere werden immer mehr.«
»Und was ist aus Jonny geworden. Den würde ich gerne wiedersehen.« Pißnelke knurrt: »Ich glaub, der ist auf Transitkohle aus. Dafür dealt er mit Schnell- und

Rauschtötern. Von simpler Blausäure bis zum Halluzinogenabgang hat er alles im Bauchladen. Der neuste Hit sind seine ›Finaliums‹.«
»Seine WAS?«
»Er nennt die Dinger ›Finaliums‹. Hat sie mit nem befreundeten Chemiebastler ausgekocht. Soll das beste sein, was es an Abgangspillen gibt. Angeblich zieht in zehn Minuten dein ganzes Leben noch mal an dir vorbei. Dabei kommt's dir vor, als sei's ne Ewigkeit. Und alles dreidimensional in Farbe. Dann nichts mehr, ohne Übergang. Neulich hat's hier einer genommen. Der sah wirklich glücklich aus, bevor wir ihn wegschafften.«
Hinten auf der dunklen Tanzfläche hört man jetzt das Klirren von Gläsern. Pißnelke zaubert einen großen Holzknüppel unter der Theke hervor und gibt zwei Typen, die an der Eingangstür lehnen, ein Zeichen. Ein paar Stühle scheppern durch den Raum. Die Musik stoppt, das Geräusch von Faustschlägen ist zu hören.
Kurze Zeit darauf kommt Pißnelke zurück. Er blutet leicht aus der Nase. »Ein paar Harte haben einen von uns wegen der hohen Alkpreise angemacht«, sagt er, »aber der Sprit für den Generator wird auch nicht billiger. Sie meinten, das hier wär ein Normalopuff und man sollte den Laden aufmischen.«
»Sehr witzig«, sage ich und lasse meinen Blick über die geräucherten Wände gleiten, an denen sich der Schimmel festgesetzt hat. »Und du, was machst du außer zapfen? Ich meine, wo geht's bei dir lang?«
Pißnelke schweigt eine Weile und füllt Alk ab. Dann sagt er: »Ich bin vor ner Zeit ziemlich durchgedreht, wollte nicht mehr. Dann hab ich ein paar Leute getroffen, die mir weitergeholfen haben. Ein paar clevere Typen, die eingesehen haben, daß der ganze Psycho nichts bringt. Daß bald ein Bums über die Bühne geht. Und daß man sich drauf vorbereiten kann.« Schon wieder so ein Zombieverein, denke ich. Armer Pißnelke. Wahrscheinlich steckt er alle Kohle rein, die er hier verdient und wird auf der ganzen Linie verarscht.

»Nein, nicht wie du denkst«, sagt er jetzt, als ob er mir die Birne geröntgt hätte. »Wenn du mal zu mir nach Hause kommst, erzähl ich dir mehr darüber.« Allmählich werde ich schwer. Pißnelkes Worte schwimmen mit dem Fusel in meinem Kopf herum. Er sagt nichts mehr und spült seine Gläser im trüben Brauchwasser. Ich schiebe ab.

Nur noch alle paar hundert Meter hängt eine Laterne am öffentlichen Netz. Ein Hubschrauber dreht seine Runde hoch über dem Freiland. Die verblätterten Wände der Fabrikgebäude haben hundert Schichten Graffitis, die man allesamt nicht mehr lesen kann. Ich versuche einfach, den Megafrust runterzuhalten. Auch ich habe diese Schnelltöter in der Tasche, griffbereit und beruhigend. Warum fängt Pißnelke wieder mit diesen Märchen an? Wenn es soweit ist, dann ist Schluß, ist doch klar. Oder was? Haben wir doch hundertmal durchgespielt, seit Jahren. Dachte immer, Pißnelke ist ein kühler Kopf, kenn ihn doch schon so lange. Wieso ausgerechnet der?

13. August

»Klar, daß du jede Idee abwegig findest«, mault Joel, »die Pillen scheinen dir allmählich jeden Funken zu nehmen.«

»Du redest wie meine Mutter«, verteidige ich mich.

»Allerdings. Und glaube ja nicht, daß mir das Spaß macht. Früher wär ich dir an die Eier gegangen, heute spiele ich Mama, aber es geht über meine Kräfte. Die brauche ich, um mich halbwegs intakt zu halten.«

»Findest du nicht, daß die Zeiten für Emanzo-Debatten vorbei sind?«

»Doch. Aber ich will jetzt mit dir zu Pißnelke gehen. Wenn's ein Flop ist – na schön.«

Pißnelke wohnt ganz oben im Fernmeldehochhaus. In der Eingangshalle haben ein paar Fusel- und Plastiktüten-Normalos ihr Lager aufgeschlagen. Sie kochen Kaffee auf einem Feuer aus Teppichboden. Die Halle ist verqualmt, obwohl kein Fenster mehr dicht ist. Wortlos deuten sie auf die Feuertreppe, als wir nach Pißnelke fragen.

Nach zwölf Stockwerken flattert uns die Lunge. Wir haben Mühe, uns an der Eisentür bemerkbar zu machen.

»Sieh an, seltener Besuch«, sagt Pißnelke, als er uns endlich öffnet. Er führt uns in ein riesiges Zimmer voller Bücher. Das war mal ein Großraumbüro. Hinter dem intakten Fenster, das die ganze Frontseite des Raumes einnimmt, liegt die Stadt wie ausgekotzt im Abenddunst. Am Horizont steht eine Rauchwolke. »Die Raffinerie am Osthafen. Brennt schon seit Tagen«, sagt Pißnelke und zündet sich eine Billigkippe an. Wir setzen uns auf den Teppichboden, der mit Zeitungsausschnitten, kleinen, beschriebenen Zetteln und Tabakkrümeln überstreut ist.

»Erzähl uns von deinem Zombie-Verein«, sage ich matt. Pißnelke lacht wie eine Ziege. Das schlimme an ihm ist überhaupt sein Lachen. Er ist einer der wenigen, die lachen, und wenn er es tut, dann hört es sich an wie aus einem verstopften Ofenrohr. »Du und deine Paranoia«, sagt er dann gedehnt.

»Ich weiß nur, daß mir dieses Sektenwesen auf den Brennstab geht, solange ich denken kann«, erwidere ich matt.

»Niemand hält dich davon ab, noch mal die Grenze zu versuchen. Vielleicht klappt's diesmal, und ihr könnt euch ein paar Jahre im Wald verstecken . . .«, kontert Pißnelke höhnisch.

»Hört auf«, fährt Joel dazwischen, »ich will jetzt endlich wissen, worum es geht!«

»Also gut«, meint Pißnelke, »lassen wir das Geschnörkel. Es gibt eine Organisation, die macht eine Art Training. Ich habe es hinter mir. Wenn ihr meint, daß ich ein Zombie bin, dann kommt's für euch nicht in Frage.«

»Und was ist das für ein Training«, fragt Joel.

»Mich haben sie soweit gekriegt, daß ich keine Angst

mehr vor der nächsten Zeit hab. Der Amok frißt mich nicht mehr.«
»Und wer sind die Organisatoren?«
Pißnelke sagt eine Weile nichts. Er starrt auf die Rauchwolke, die wie gemeißelt am Horizont steht. An ihrem unteren Ende sieht man jetzt, wo es dunkler ist, kleine Flammen züngeln.
»Ehrlich gesagt – ihr könnt's mir glauben oder nicht – ich weiß es nicht genau. Ich denke mir schon seit längerem, daß der große Bums nicht nur unausweichlich, sondern sogar notwendig ist, um dieser versyphten Welt nen anderen Kurs zu geben. Außerdem wissen einige Leute, daß der Bums weniger hart ausfällt, als man so denkt, daß danach noch lang nicht Feierabend ist. Drittens denkt der Verein, über den wir reden, an eine Zukunft in Öko-Normen, auch wenn das Training nicht sehr ökologisch aussieht. Also keineswegs Supernormalos im Tarnanzug, eher konsequente Transformatoren, nur ohne Illusion und Kinkerlitzchen.«
»Und wer darf mitmachen«, fragt Joel.
»Früher so ziemlich jeder, aber dabei wurden Erfahrungen gemacht. Jetzt nur stabile Beziehungen ohne Kinder. Die mit Kindern haben fast alle aufgehört, weil sie wegen der Kinder nicht nur für sich, sondern auch für die Kids Angst hatten. Das war im Training absolut schädlich. Außerdem klappt das Training bei Kindern nicht. Die Singles dagegen sind im Training meist gefährlich abgesackt. Wir hatten bei denen einen Haufen Suizidversuche. Allein hältst du die Sache auch mit Training nicht durch. Mehr weiß ich nicht, und ihr könnt mich auch nicht mehr fragen.«

15. August

Ich liege lange wach mit Joel. Durch die Nacht fahren Bullensirenen, ganz weit entfernt. Die Ratten spielen im Keller Zirkus.
»Irgendeine Forderung müssen die doch stellen, wenn

Aus der Entstehungsgeschichte der ›Organisation Phoenix‹

... fand am 24. November 1983 eine erste geschlossene Sitzung statt. Anwesend waren die Initiatorengruppe und die diversen Neumitglieder aus den Ökologie- und Friedensforschungsinstituten, namhafte Transformationstheoretiker und die verbleibenden Kapazitäten des ›Club of Rome‹. Die Essentials, die an diesem Tage vorgelegt und verabschiedet wurden, bilden noch heute das Fundament der Arbeit unserer Organisation. Sie lauten wie folgt:

1. Eine nukleare Auseinandersetzung, die Europa in Mitleidenschaft ziehen wird, ist nach den Erkenntnissen der hier Anwesenden bis zum Ende des Jahrzehnts zu erwarten.

2. Der bevorstehende Zusammenstoß mit Nuklearwaffen steht in engem Zusammenhang mit der Grundstruktur der zivilisatorischen Komplexe. Er exekutiert eine Produktionsform, die den evolutionären Raum der Menschheit zerstört. Wir sehen, daß der Schritt in den Zusammenstoß nicht nur Resultat des bioevolutionären Fehllaufes ist, sondern zur Zeit die einzige Möglichkeit darstellt, einen neuen Anfang zu gewährleisten.

3. Nach den jetzt vorliegenden Analysen wird die nukleare Auseinandersetzung nur Bruchteile des Vernichtungspotentials freisetzen. Dies wird für einen notwendigen De-evolutionsprozeß ausreichen, ohne die Biosphäre substantiell zu schädigen.

4. Zur Erhaltung des bioevolutionären Potentials schlagen wir folgendes Minimalprogramm vor:
a) Erhaltung und Förderung eines flexiblen Menschentypus, der nicht vollständig dem zivilisatorischen Komplex verhaftet ist.
b) Ausstattung dieser Personengruppe mit der physischen und psychischen Fähigkeit, den Zusammenstoß zu bewältigen und selbständig überlebensfähige Gruppen zu bilden, die nach bioevolutionären Prinzipien ausgerichtet sind.
c) Garantierung minimaler Güterleistungen nach der Stunde Null. Hierbei ist an industrielle Produkte gedacht, die über den Bereich von Subsistenzmöglichkeiten hinausgehen und zum physischen Überleben absolut notwendig sind.

sie schon keine Kohle wollen«, sage ich. »So ne Organisation will doch was, hat bisher immer die Quittung hinterhergereicht. Nachher heißt es wieder: Neues Reich aufbauen.«
Joel schweigt.
»Und wenn das alles richtig ist, warum sind die nicht längst überlaufen? Oder verboten? Oder beides?«
»Und je länger du denkst, desto mehr vergißt du, daß wir keine Wahl mehr haben.«

20. August

Pißnelke steuert den klapprigen VW-Bus auf der Autobahn Richtung Norden, sitzt wie ein Affe hinter dem Lenker und singt komische Lieder. Neben uns ein anderes Pärchen, ein Hippie-Typ, die Frau heult, wir schweigen alle.
Hinter Kassel biegen wir ab. Landstraßen, halbleere Dörfer. Wir kommen an die Grenze zum militärischen Sperrgebiet, umfahren es weitläufig an den ›Vorsicht Schußwaffengebrauch‹-Schildern entlang, die die Straßen sperren. Kurz darauf bremst Pißnelke mitten auf einer Straße im Wald. Ein Weg biegt ab, fast zugewachsen. Nach einigen Metern kommen zwei Typen mit umgehängten Knarren aus einem Holzhaus. Sie lassen uns passieren, nachdem Pißnelke kurz mit ihnen geredet hat. Dann Schlaglöcher und Matsch, durch die sich der Bus nur mühsam kämpft. Schließlich eine verdunkelte, langgestreckte Baracke ohne Fenster. Wir steigen aus.
In der Hütte gibt es Räume wie beim Barras, harte Pritschen, kahl. An den Wänden überall ein roter Kreis mit schwarzem Punkt, das Zeichen der Organisation, wie Pißnelke sagt. Eine Glotze ist auch da. Wir sehen noch einen Schinken im örtlichen Gegensender. Weit und breit Wald, sonst nichts. Ob das ein Trainingscamp sein soll, frage ich Pißnelke. »Das ist nur die Empfangshalle«, sagt er, »die Psychofabrik liegt einige Meter unter uns. Aber heute nacht pennen wir erstmal hier.«

Phase II

ZELLTEILUNG

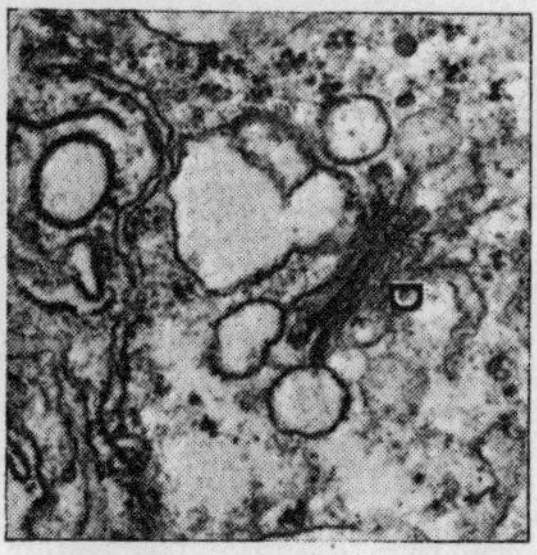

20. August 1989

Das hier ist ein Raum tief unter der Erde. Es ist heiß. Auf einem Stuhl in der Mitte sitze ich. In der Ecke schräg gegenüber mein Trainer, ein Langhaariger mit kalten grauen Augen. Er wurde mir heute morgen zugeteilt. Er tippt etwas in ein kleines Terminal, eins von diesen neuartigen kleinen Kästchen mit drahtloser Übertragung. Ich habe ein Stirnband gekriegt, das irgendwelche Daten übermittelt. Wo Joel ist, weiß ich nicht. Man hat mir nur einen hellblauen Overall gelassen. Gleich nebenan ist mein »Zimmer«, ein kleiner weißer Raum mit einem harten Bett und Neonlicht. Ein paar Bücher stehen drin, um die ich gebeten hatte, meine Lieblingslektüre der letzten Jahre.

»Okay«, sagt mein Trainer, »in den Vorgesprächen haben wir ja schon einiges über dich rausgekriegt. Merk dir eins: Wenn du irgendwann anfängst, dich zu sperren, sag es. Wir unterbrechen dann und reden erstmal. Eine Woche kannst du noch abbrechen. Danach kommst du hier vor dem Ende des Trainings nicht mehr raus. Bis du bereit?«

Wozu bereit, will ich fragen, aber da geht schon das Licht aus. Irgendwas war in diesem Plastikfraß drin, der heute morgen in mein Zimmer kam, aber ich soll keine Fragen stellen. Hart kann die Droge nicht sein, nicht härter als Cannabis jedenfalls. Es reicht aber zum Schweben. Es ist stockfinster. Ich schwebe in einem schwarzen leeren Raum.

Vor mir wird es langsam dämmrig. Etwas Grünes, Schleimiges entsteht um mich herum. Es ist formlos und bewegt sich langsam vor meinem Auge. In meinem Auge. Nein, doch außerhalb. Weiß nicht so genau.

Langsam schwebt ein eiförmiges Gebilde im Raum. Da zuckt und wabert es, grüne Flecken wandern wie Gummiblasen, grau, hellrot, dann violett. Langsam dehnt sich

die Zelle, schickt Blasen in den Raum, aus denen neue Zellen wachsen. Die Mutterzelle wird kleiner. Sie fügt sich an die anderen, bildet mit ihnen ein Muster wie Bienenwaben.
Eine gemusterte Fläche ist daraus geworden, eine Art Dreieck, daß sich an andere Dreiecke fügt. Dazwischen sind Linien. An einem Schnittpunkt kommt ein schuppiges Tau aus einem wulstigen Napf. Ich erkenne es jetzt: ein Haar, ein kurzes Haar, ein Hauthaar, eine Pore. Dann kommen noch mehr Haare und Poren ins Bild, und schließlich ist da Haut. Die Haut eines Unterarms. Der Unterarm liegt auf einem Unterschenkel, ein Männerarm auf einem Frauenbein. Daraus werden zwei Körper, zwei schöne Körper, ein verschlungenes Pärchen, ganz nackt. Die beiden liegen auf einer Decke, die Decke liegt auf einer Wiese, die Wiese ist eine Lichtung im Wald, den ich jetzt auch von oben sehe, wie er an einen Fluß grenzt.
Dann sind die beiden nur noch ein Punkt in einer Landschaft. Die Landschaft wird zum Schachbrett aus Äckern, Waldstücken, Dörfern. Das Luftbild zeigt Wolken, schließlich ein Meer, eine Krümmung, dann die Erde als ganzes, blaues Rund. Bald kommt die Sonne ins Bild, Planeten, andere Sonnen, die Milchstraße und viele Spiralnebel, die zu kleinen Punkten werden . . .
Es ist jetzt still und kalt im Raum, und doch ist mir heiß und schwindelig. Dann kehrt sich die Fahrt um, ich fliege auf die Sonne, die Erde, die Wiese, das Paar zu, gelange wieder in den grünen, pulsenden Raum. In ihm schlafe ich ein.
Als ich wieder aufwache, liege ich in meinem weißen Raum. Die Tür geht nicht mehr von innen auf. Ich hämmere. Aber mit so was habe ich gerechnet.
Ich wichse ein wenig, stelle mir einen Fick mit Joel vor, auf dieser Wiese. Dann starre ich die Wand an. Nach einer Stunde (oder waren es zehn Minuten?) steht plötzlich der Trainer im Raum. Ich bin ein bißchen eingedöst und erschrecke, als ich ihn bemerke. Irgendein

Traum war da noch. Ich renne hinter etwas her, das sich versteckt.
»Wie geht's«, fragt der Tainer ohne Ausdruck.
»Nichts Besonderes. Beeindruckende holographische Spiele habt ihr da mit mir veranstaltet.«
»Deine Distanz scheint ja gut zu klappen. Was hast du gemacht?«
»Gewichst und geschlafen.«
»War's schön?«
»Das erste ja, das zweite nein. Was habt ihr mir ins Essen gemixt?«
»Nur ein Weckamin,weil deine Hirnwindungen etwas lahmarschig sind.«
»Ich wollte dir nur sagen, daß die Wiese bald anders aussieht«, sagt der Tainer und geht.
Gerade, als ich wieder am Einschlafen bin – die in der Wand eingelassene Digitaluhr zeigt halb zwölf nachts, und das Licht ist schon vor zwei Stunden gedämpft worden –, holt mich der Trainer. Im Projektionsraum riecht es süß wie Insektenspray.
Kaum habe ich mich auf den Stuhl gesetzt, steht diese Zelle wieder vor mir. Nach einer Weile wird sie dunkler, schmutzigbraun, teilt sich, fasert an den Rändern aus. Unregelmäßige, eckige Formen. Plötzlich habe ich rasendes Kopfweh. Als der Arm erscheint, hat er schwarze Flecken, Pusteln, Blasen.
Er fault.
Große Fliegen sitzen auf den Körpern. Fleisch hängt von den Knochen.
Die Wiese ist gelb.
Der Wald auch.
Der Fluß nicht mehr da. Zugedreckt, durch eine Art Müllhalde, mit Schaumbergen dazwischen. Schlammige Rinnen durchfurchen die Landschaft wie Fischgräten. Ich muß kotzen. Mein Herz klopft. Ein singender Ton hängt im Raum. Ich reihere auf den Boden. Aus.

Aus den internen Anleitungen des Trainingsprogramms der ›Organisation Phoenix‹

. . . teilt sich das flexible Potential in zwei Hauptgruppen. Bei Gruppe A finden wir eine differenzierte Einsicht in die bioevolutionäre Fehlentwicklung, den Wunsch nach Umorientierung (oftmals Praxisansätze), aber auch eine Sensibilität, die angesichts des zu erwartenden Zusammenstoßes zu Suizid- und Verzweiflungsneigung führt. Das A-Potential ist für die subsidiären Basisgruppen geeignet.

1. Trainingspersonal
Als Trainer sollten Personen angeworben werden, die über reichhaltige Erfahrung mit den verschiedenen Gruppen- und Individual-Therapieformen (spez. Regressions- u. Konditionstherapien) verfügen.

2. Trainingstechniken für Gruppe A
Bei dieser Gruppe bedarf es einer Verstärkung des bioevolutionären Tiefenbewußtseins, das meistens durch die Erfahrung der Hilflosigkeit in den akuten gesellschaftlichen Zerfallserscheinungen überdeckt wurde. Ebenso eine Erhöhung der Angst- und Panikresistenz. Besonders geeignet erscheinen uns Regressionstherapien, bis hin zur zellularen Wahrnehmung (zur Härtung der bioevolutionären Struktur) und Abhärtung durch Todeserlebnisse. Bestimmte Personen bedürfen zusätzlich einer Ego-Reduktionstherapie mit nachfolgender Utopie-Verankerung auf allen Ebenen.

Als ich diesmal aufwache, beugt sich ein unbekannter Typ über mich. Er zieht eine Nadel aus meiner Vene, steht wortlos auf und schließt die Tür hinter sich. Jetzt wird mir warm, ich schlafe ein.

21. August

Mir geht es elend. Als ich aufwache, steht das Frühstück im Zimmer, die Tür ist zu. Ich bin zu schwach, um aufzustehn oder zu randalieren. Diese Schweine! Ich hätte vor zwei Jahren meine Abgangspillen schlucken sollen. Oder vielleicht zu den Erstschlagszielen pilgern und selber auf den Knopf drücken? Ich werde dabeisein, anstatt vor irgendwelchen Flughäfen wie ein Schaf für den Frieden zu demonstrieren.
Nach zwei Stunden Grübelei kommt der Trainer.
»Das Wesentliche dabei«, sagt er, »ist, daß du deine Rolle in diesem Spiel noch nicht gecheckt hast.«
»Arschloch«, gebe ich zurück.
»Du solltest dich entscheiden«, erwidert er ganz ruhig, »und zwar definitiv. Hier ist eine glänzende kleine Abgangspille. Sie steht dir von jetzt ab zur Verfügung.«
»Wenn ich das draußen erzähle, ist der ganze Verein reif für den Knast.«
»Du wirst es nicht erzählen. Und du denkst doch selbst die ganze Zeit, Abgangspillen sind die leichtere Methode. Also.«
Meine Wut bleibt plötzlich im Gedanken an Joel stecken. Machen die mit ihr dasselbe?
»Ich will Joel sehen«, schreie ich den Trainer an, »sie ist viel zu labil für eure Methoden.«
»Joel dürfte im Moment nicht mehr dein Problem sein«, antwortet der Trainer trocken. Warum haue ich ihm keine in die Fresse? Statt dessen zertrampele ich die Abgangspille auf dem Boden.
»Komm mit«, sagt der Trainer, »es geht weiter.«

23.-25. August

Heute (oder war es gestern) wandere ich in Köstlichkeiten und fürstlicher Musik. Große Säle voller Delikatessen. Ich habe furchtbaren Hunger. Die Decke dieses Hypermarktes ist verspiegelt und wirft mein Bild hundertfach zurück. Ich kann nichts essen, denn jedesmal, wenn ich zugreife, geht meine Hand ins Leere. Irgendjemand will mir Kostproben reichen, die sich in Luft auflösen.

Ein Ausgang, eine rostige Treppe, die nach unten führt. Unten ist eine träge Brühe. Es fault, Blasen steigen unter mir aus dem Schlamm, als ich über schmale Stege nach dem Parkplatz suche, wo ich mein Auto abgestellt habe. Der ganze Hypermarkt ist in diese Brühe hineingebaut, ein gärender Schlamm, der immer stinkender wird. Die Laufstege saufen unter meinen Füßen ab. Dann balanciere ich auf einem Eisenträger und falle, als das Licht angeht.

Gestern (oder heute?) war irgendein Direktor da. Er hat mir einen Videorecorder geschenkt, ganz feierlich mit Schleife um den Karton. So was wollte ich immer schon haben, ich steh auf alte Filme. Eine halbe Stunde hat er mir erklärt, wie gut das Ding sei. Dann ist er weg, ich finde eine Steckdose, schalte den Apparat ein, stecke eine Kassette in den Schlitz. Aufnahmen von einer Fabrik. Ich sehe Arbeiter, die den Apparat, aus dem das Bild kommt, zusammenschrauben. Dann wird alles immer wirrer. Ein Arbeiter (ich habe das Gefühl, ich kenne ihn) wird in ein Krankenhaus eingeliefert. Er hat einen Leberschaden, hängt an Kanülen. Jetzt hänge ich an den Kanülen, ein wortloser Arzt schreibt Kurven und Diagramme. Alles tut mir weh. Dann Werbespots: Margarine, für Ihr Wohlbefinden. Die Schmerzen werden immer schlimmer. Ich sterbe. Ich brülle: Ich kenn das schon, ich kenn das schon.

Der Trainer schweigt, dann wieder Bilder. Arme, dreckige Neger. Ich habe Hunger, Scheißmoral, sage ich

Aus dem Grundsatzprogramm
der ›Organisation Phoenix‹

. . . haben wir heute die Möglichkeit, die Substanz des bioevolutionären Degenerationsprozesses zu analysieren. Die Unfähigkeit, ökologische Erkenntnisse in soziale Realitäten umzusetzen, liegt im wesentlichen an einer Wahrnehmungsspaltung, deren Ursachen hier nicht weiter erläutert werden können. Die Fehlentwicklung drückt sich jedoch in einer Entkoppelung von bio-evolutionärem und sozio-emotionalem Schaltkreis aus. Eine notwendige Re-Evolution soll diese beiden Ebenen wieder in Lebenseinheiten verschmelzen.
Bei den meisten Bewohnern der industriellen Welt ist diese Spaltung so weit fortgeschritten, daß sie in suizidäre Sozialformen umschlägt. Das korrigierbare Potential erkennt diese Spaltung auf der Ebene des Verstandes, ist jedoch unfähig, von Zweck-Mittel-Korrelationen Abstand zu nehmen. Die Ausbildung eines starken zivilisatorischen Egos (›kritischen Bewußtseins‹) liegt dabei im Wettstreit mit der bioevolutionären Neuorientierung . . .

laut, und der Trainer haut mir eins in die Fresse. Wenn diese Drogen nicht wären, die mir den Schädel wie einen Schraubstock zusammenpressen, dann würde ich ihm jetzt den Arsch aufreißen.

Irgendwann

Wieviel Tage bin ich jetzt hier? Ohne den Trainer wäre ich geliefert. Wenn das so weitergeht, bringe ich ihn entweder um oder fange an, ihm hinterherzusabbern wie ein Hund.
Er hat mich gefragt, ob ich aufhören will. Zuerst habe ich seine Frage nicht verstanden. Ich liege nur noch und träume: Vergangenheit, Demos, Fließbänder, meine Eltern, Wohngemeinschaften, Streit ums Abwaschen. Irgendwelche Träume dazwischen – oder sind das Filme? – ich kann's nicht auseinanderhalten. Der Trainer schleppt mich über Korridore in ein Wasserbad. Da kriege ich eine Haube auf, und es ist warm und feucht.
Einige Jahre schwimme ich im Wasser, werde grün und bewege mich langsam um mich selbst. Ich bin gestorben, aber dann kommt Licht und dringt in mein Plasma. Ich beginne zu pulsieren. Langsam dehne ich meine Finger zu Fäden. Mein Bauch ist ein Ei.
Jahrhunderte später suche ich auf einer Müllhalde nach einer Bombe. Sie tickt. Sie muß irgendwo versteckt sein. In kaputten Kühlschränken, in rostzerfressenen Kotflügelfalten. In Toaströstern ohne Garantie. Es tickt, es strahlt.
Die Bombe bin ich. Mein Herz ist eine Bombe. Ich höre deutlich, wie es unter dem Brustkorb tickt. Ich kann die Bombe nicht erreichen, ich schneide mich auf, es tut nicht weh. Ich schneide immer tiefer. Da ist nur Gummi und Styropor.

28. August

Der Trainer nennt den heutigen Tag »Halbzeit« und will reden. Ist mir egal. »An was glaubst du?«, fragt er.
»Ich habe nie an was geglaubt«, antworte ich.
»Du lügst. Zumindest wolltest du«.
»Was soll die Fragerei? Ich hab mal geglaubt, wir könnten was verändern. ›Das Rad der Geschichte zurückdrehen‹ oder so. Ist lange her.«
»Und richtig versucht hast du's immer nur mit der Draußenwelt, stimmt's?«
»Ich werd mich hüten, innen anzufangen, während die Welt vor sich hinrottet.«
»Erzähl mir von den letzten fünf Jahren«, sagt der Trainer.
»Ich hab beschlossen, mich nicht zu verändern, als diese Einweg-Gruppierungen aufkamen. Die Harten mit ihrem Killerzynismus, die Transformatoren mit ihrer lahmarschigen Bescheidenheit, die Weißen mit ihrem Jesustick – die hatten alle recht. Aber eigentlich hatten nur die recht, die abgehauen sind.«
»Und warum bist du nicht abgehauen?«
»Ich hab's doch versucht.«
»Wenn du es ernsthaft versucht hättest, wärst du nicht hier.«
»Na gut, es kommt mir daneben vor, im mexikanischen Busch zu sitzen. Selbst wenn ich keinen Fallout abkriege, geht's mir schlecht, wenn ich an die Gesichter von früher denke, die dann nur noch ein Haufen radioaktiver Asche . . .«
»Findest du, du bist was Besseres als die anderen?«
»Besser als die Normalos, ja.«
»Und die Nicht-Normalos?«
»Die sind einfach naiv. Wie gesagt, alle haben recht. Aber niemand ist konsequent. Alles Notlösungen, Ausflüchte, Illusionen, Vereinfachungen.«
»Also, woran glaubst du?«
»Ich glaube, daß diese verfickte Menschheit ihren Platz

in der Evolution abtreten muß.«
»Es werden aber welche überleben.«
»Irgendwelche halbmutierten Neger, die nach zwanzig Jahren denselben Scheiß machen, den wir gemacht haben.«
»Keine Chance?«
»Keine.«
»Willst du sterben?«
»Sieht so aus, als ob das nicht von meinem Willen abhängt.«
»Und Joel?«
»Ich weiß nicht. Vielleicht würde es sich lohnen, für sie.«
»Du hast dich immer noch nicht entschieden«, sagt der Trainer und geht.

Später

Wieder der Tank, dieses feuchte warme Überall ohne Ende. Ich teile mich in Zwei, dann möchte ich weiter machen. Ich werde Viele, wir sind zusammen, haben lange, dehnbare Finger und essen kleine Tiere.
Dann kommt der Sumpf. Mit meinen Flossen komme ich vorwärts. Er wird trockener, ich beginne zu atmen und zu kriechen. Angenehm ist es, wenn ich gefressen werde. Dann kehre ich zurück, werde stärker, krieche schneller, verdaue langsamer. Ich will es noch einmal versuchen. Man muß es aufheben können.
Ich sitze auf einem Baum. Ein Pfeil bewegt sich, er kommt auf mich zu, ich weiche aus. Ich lerne. Das war nicht das letztemal.
Dann vergesse ich doch. Ich esse Fleisch und kenne nicht das Tier. Ich nutze Eisen und kenne die Erde nicht. Ich will nur noch Wärme und Futter ohne Ende. Ich will Spaß aus Kästen und etwas, das mir die Arbeit abnimmt, ohne zu fragen. Ich will tote Dinge, die auf mich hören ohne Eigensinn, nehmen, was ich will, haben, was ich kann, aber ein singender Ton liegt in der Luft, als ob eine Saite reißen wird.

Ich liege mit Joel auf einer Wiese. Es ist warm, und wir sind nackt. Meine Haut kräuselt sich, wo sie mich anfaßt. Als meine Hand ihr Gesicht berührt, wird es seltsam hell. Meine Haut brennt. Auf Joels Gesicht bilden sich Blasen. Ich will weglaufen, aber ein Sturm erfaßt mich, als ich mich zu Boden werfe. Joel, schreie ich durch den fauchenden Sturm, Joel . . .
Als ich aufwache, sehe ich den Schatten des ›Doktors‹ neben mir. Er beobachtet einen Monitor. Ein Stirnband liegt um meinen Kopf. Ich merke, daß ich in meiner eigenen Scheiße liege. In der Ecke des Raumes sitzt der Trainer. Er sieht aus, als hätte er lange nicht geschlafen. »Okay«, sagt der Doktor, zieht mir eine Kanüle aus dem Arm.

30. August

Man hat mich zwei Tage lang schlafen und fressen lassen. Joel durfte ein paar Minuten zu mir. In ihren Augen liegt ein abgebrannter Traum, wahrscheinlich derselbe, wie in meinen. Ich kann sie nur kurz küssen, dann ist schon wieder der Trainer da und schiebt sie, trotz meiner Flüche, aus dem Zimmer.
Wenig später werde ich in den Projektionssaal geholt. »Du hast das Schlimmste hinter dir«, sagt der Trainer. »Wir haben manchmal gedacht, bei dir schaffen wir es nicht. Wir mußten dir eine Menge Drogen reinpumpen. Du weißt zuviel. Du warst dermaßen auf Untergang programmiert, daß wir dich kaum dazu bringen konnten, ihm ins Gesicht zu sehen, ohne daß du gleich über den großen Fluß gehst. Jetzt bist du leer wie ein Plastikbrötchen, aber auch ganz am Anfang.«
»Was war denn bei mir anders?« frage ich.
»Für dich ist wenig neu hier, unsere Inhalte nicht und unsere Methoden nicht. Ein Normalo ist mit unseren Techniken innerhalb von wenigen Tagen so weit. Aber ein Normalo hat meistens nur kopiert. Es ist leicht, ihn umzupolen – aber er wird ein bioevolutionärer Roboter.«

»Ein was?«
»Nun, er funktioniert dann zwar ohne innere Spaltung im Überlebenssinn, ist scheinbar bioevolutionär geheilt, verhält sich aber gleichzeitig so regressiv, daß er in kurzer Zeit zum Sammler und Jäger würde. Das ist wenig sinnvoll, zumal sich nichts geändert hätte, wenn die Konditionierung nachläßt.«

15. September

Die Nacht verbrachte ich mit Joel, drogenfrei. Auf dem Bildschirm, den sie uns in einen komfortablen Raum gestellt haben, tanzen Muster ohne Ende. Wir liegen nebeneinander und sagen kein Wort. An die letzten Tage können wir uns nicht erinnern. Die Trainer sprachen von ›Resistenztraining der zweiten Stufe‹. Anscheinend wurden wir dabei mit Zerstörungsbildern gefüttert, bis wir keine Reflexe mehr zeigten. Vor drei Tagen pumpten sie uns noch mal mit irgendwas voll, und wir wachten erst heute wieder auf – zusammen.
Vorhin ist dann der stumme Arzt gekommen. Durch viele Treppen und Gänge hat man uns in diesen Raum geführt, fast schon ein Saal, hellweiß und in Neon wie alles hier. Die Stirnseite wird von einer Landkarte ausgefüllt, sie ist mit Fähnchen und Kreisen gespickt. Auf Stühlen sitzen zwei Männer und zwei Frauen. Hinter einem langen Tisch, vor der Karte, drei Vereinstypen in Zivil, ohne Overall. Mein Trainer ist auch dabei.
»Wir haben früher«, fängt einer der Vereinsmenschen an, »noch zwei Wochen Gruppentraining angehängt, bei dem sich die Gruppen einpendeln konnten. Seit ein paar Tagen haben wir das ersatzlos gestrichen, weil wir nicht mehr viel Zeit haben. Es gibt inzwischen – ihr habt ja kein Radio gehört – in einigen Ecken des Planeten ernsthafte Mißverständnisse. Wir haben noch zwischen drei Monaten und einem halben Jahr.«
Schweigen.
»In diesem Zeitraum«, fährt der Typ fort, »müßt ihr eure

Aus den Trainingsanleitungen der ›Organisation Phoenix‹

. . . verstärken sich die Anzeichen für einen Zusammenstoß. Mit ihm ist innerhalb der nächsten zwölf Monate zu rechnen. Die Anzahl der bislang konditionierten Personen der Kategorie A beträgt 11 234 (Stand: Juni 89). Dies dürfte für eine flächendeckende Subsistenzgruppen-Struktur ausreichen.

Wir schlagen deshalb vor, in Anbetracht der zur Verfügung stehenden Rest-Zeit das Potential B verstärkt zu konditionieren. Der flexible B-Typus zeichnet sich durch Ich-Stärke, charismatische Führungsfähigkeiten und relative Angstresistenz aus. Er benötigt eine weniger aufwendige Abhärtungskonditionierung. Trotz der Zeitknappheit sollten B-Personen zumindest eine teilweise bioevolutionäre Korrektur erhalten. Aufgabe eines verstärkten B-Potentials ist es, in den Städten möglichst viele desolate Personengruppen zu panik- und suizidresistenten Einheiten zusammenzuziehen.
Die Trainer aller Sektionen werden angewiesen, zusätzlich eine Machtblockadentherapie zu entwickeln, die den B-Typus gegen übermäßigen Machtgebrauch immunisiert . . .

Höhle eingerichtet haben. Wir glauben, daß ihr dazu auch ohne Gruppentraining fähig seid, denn ihr habt alle eine Menge Kollektiv-Erfahrungen. Wir haben euch das Notwendigste hingeschafft, vor allem die Dinge, die jetzt nur noch schwer zu beschaffen sind: Luftaustauscher, Sauerstoff, Schleuse, Sensoren einschließlich Generator, Brennstoff und einem Haufen Kleinkram. Denkt daran: Ihr müßt mindestens drei Monate drin bleiben, wahrscheinlich viel länger. Nicht nur wegen der Strahlung, sondern vor allem wegen des Amok-Klimas, das eine ganze Weile draußen herrschen wird. Ihr könnt euch zwar bewaffnen, aber ihr wißt, daß auch die Wirksamkeit von Knarren Grenzen hat. Ihr solltet außerdem wissen, daß ihr trotz des Trainings einen Koller kriegen könnt, wenn ihr nichts tut, um eure Identität zu bewahren. Verlaßt euch also nicht auf die Technik allein, sondern sucht eure Spur.«
Wieder Schweigen. Dann fragt einer von uns sechs, ein Typ mit einem eckigen Gesicht:
»Was heißt das, eine ›Spur suchen‹?«
»Ihr werdet das selbst rauskriegen. Die Konditionierung hat euch kälter gemacht, euch aber nicht in Zombies verwandelt. Wenn man sich lange Zeit nur noch mit purer Überlebens-Technik befaßt, geht man das Risiko ein, immer kälter zu werden. Ihr braucht also etwas, was euch als ganze Menschen bewahrt, was euch außerhalb des Programms geistige Stärke gibt.«
»Und was ist mit Kontakt zu anderen Gruppen?«
»Müßt ihr selbst entscheiden. Wir geben euch eine Liste mit den Funkfrequenzen der Vereinsgruppen in eurer Region mit. Ich würde euch raten, sie vorerst nur bei Notfällen zu verwenden. Es gibt schließlich noch andere Leute mit Funkgeräten, und wenn die euch anpeilen, könnte man euch den Kopf abreißen und sich einen fröhlichen Lenz in eurer Höhle machen.«
»Wie kommt ihr zu der Zusammenstellung unserer Gruppe«, fragt Joel.
»Wir versuchen, technische und spirituelle Fähigkeiten

ungefähr ins Gleichgewicht zu bringen. Boris (er zeigt auf den eckigen Typen) hat bis vor kurzem in einem Techno-Planungskollektiv einer ziemlich wohlhabenden Transformatorengruppe gearbeitet. Jennifer kennt sich ziemlich gut mit Elektronik aus. Reiner und Carla kommen aus einem freischwebenden Chaoskollektiv auf dem Land, haben also Ahnung von Landwirtschaft und Ökologie. Carla hat vor einigen Jahren Medizin studiert. Ihr beide habt zwar weniger technische Fähigkeiten, dafür aber eine Menge anderer Eigenschaften, die sich als nützlich herausstellen werden. Wir können uns zwei Unpraktische wie euch in der Gruppe leisten, in gewissen Situationen kommt es sogar auf sie an. Oben an der Empfangsbaracke wartet ein Bustransporter auf euch, den ihr behalten könnt. Er wird euch zu eurem Ziel bringen. Wir haben euch ein nettes Plätzchen östlich von Gießen, im Vogelsberg, ausgesucht. Das nächste Erstschlagsziel ist dreißig Kilometer entfernt, hinter einigen Mittelgebirgsketten.«

Phase III

TRAUTES HEIM

17. September

Ein Blick wie eine Ansichtspostkarte aus einem Kurort. Bäume und Büsche schließen die Plattform vor dem Stolleneingang nach allen Seiten ab und lassen eine kleine Lücke, durch die man das Tal überblickt, einen Teil der Landstraße und den Bach, der durch die Wiesen des Talgrundes mäandriert, überwachsen von Weiden. Talabwärts ein Dorf, fünfzehn Höfe, zehn Neubauten, die Hälfte davon leer. Wenige verängstigte Normalos sind geblieben. Die Felder liegen brach, wahrscheinlich graben sich die Bauern mit Kind und Kegel im Garten oder Keller ein.

Der Verein hat gute Arbeit geleistet. Der Stolleneingang ist von der Straße aus nicht zu sehen. Drei große Tonnengewölbe, erstaunlich trocken, zweigen von einem Gang ab, der waagerecht in den Berg hineinführt. Nach 15 Metern endet er an einer Mauer mit einer Stahltür. Dahinter das Materiallager, ein Gewirr großer und kleiner Aluminiumcontainer. Alles, was wir brauchen: Schutzanzüge, Breitbandfunk, elektronisches Gerät, dessen Sinn ich nicht verstehe, und Trockennahrung. Am hinteren Ende des Lagers ist ein Brunnen. Kleine Steine brauchen acht Sekunden bis zur Wasseroberfläche.

Am Stolleneingang die Hauptschleuse. Sie ist in derselben Farbe gestrichen wie der umgebende Fels, granitgrau. In die Decke des Schleusenraums sind zwei Röhren gebohrt. Sie führen durch das Gestein an die Oberfläche: der Luftfiltereingang.

Abends Planungsgespräch auf der Plattform. Ruhige Atmosphäre. Keine Spur von Mißtrauen, Gruppendynamik, ›Kennenlernen‹, eher so, als wären wir uns jahrelang vertraut. Boris entwirft Skizzen auf großen Papierbögen, erläutert uns seine Pläne der Außensensoren, der Filteranlage, der elektrischen Installationen. Ich blicke nicht durch.

Wir brauchen mindestens zwei Tonnen eiweiß- und

kohlehydratreiche Nahrung, denn der Pemmikan ist nur für den Notfall vorgesehen. Als Hauptnahrung würde das Zeug körperliche und seelische Verkümmerungen bewirken.
Boris hat eine lange Liste mit allem, was wir sonst noch brauchen, erstellt. Er schlägt Beschaffungs-Exkursionen in die umliegenden Kleinstädte vor. Er selbst möchte sich überwiegend um die technischen Sachen kümmern, weiß aber, daß die Ausflüge nicht ungefährlich sind und will sich ihnen nicht entziehen. »Wir sind nicht die einzigen, die ein Beschaffungsprogramm haben«, sagt er, »die Bürgerwehren dürfen wir nicht unterschätzen, aber vermutlich sind sie schlecht organisiert. Also Bewaffnung, aber hohe Reizschwelle, Wachsamkeit, aber keine Ballerei. Und es ist wichtig, daß jeder die lebenserhaltenden Funktionen hier nachvollzieht. Spezialistentum ist im Notfall negativ.«
»Ich habe keine Ahnung von diesem Kram. Und in ein paar Wochen lerne ich das auch nicht«, wirft Joel ein.
»Boris hat trotzdem recht«, sagt Carla verständnisvoll aber bestimmt, »es geht nur um das Verantwortungsbewußtsein, nicht um Details. Ich denke, wir können Boris und Jennifer als technische Wegbereiter akzeptieren, während wir anderen uns mehr um die Beschaffung und die Ästhetik kümmern.«
»Ästhetik?«
»Ja, ich meine, wir brauchen Innenausstattung. Unsere Wahrnehmungen sind auf positive Impulse, auf Wärmegrade angewiesen, auf optische und emotionale Signale, auf Farben, Licht und Musik.«

19. September

Dunkle Häuser. Die Straße ist leer. Eine Reihenhaussiedlung am Rande der nächsten Kleinstadt. Niemand kehrt mehr das Herbstlaub zusammen. Keine Straßenbeleuchtung. Boris parkt den Bus in einer dunklen Einfahrt. Wir sind ohne Licht gefahren, und bisher kamen uns nur zwei Autos entgegen, die auch abgedunkelt fuhren.

Das erste Haus ist einfach zu knacken. Die Tür gibt mit einem müden Geräusch nach, als wir das Stemmeisen ansetzen. Drinnen riecht es modrig. Die Sessel und Sofas sind sauber mit Plastiküberzügen bespannt. Im Wohnzimmerschrank stehen die Kristallgläser nach Größen geordnet, die Kognakgläser klingeln, als wir über das leicht verstaubte Parkett schleichen. Über einer Kommode hängen Familienfotos. Eine dicke Mutter mit Kindern am Strand. Auch der Junge ist etwas übergewichtig, die Tochter im Bikini, in der Pubertät, schön und schlank, sie schaut motzig in die Kamera. Auf einem anderen Polaroidbild der Vater an der Hobelbank. Ein rötliches Gesicht mit Spuren des Alks. Jetzt sitzen sie wahrscheinlich in einem Internierungscamp.

Die Küche: verstaubt, aber vollständig. Das Licht der Taschenlampe fällt auf einen Stapel unbezahlter Rechnungen. Ich blättere: Es sind Rechnungen mit fünfstelligen Beträgen für feuerfeste Türen, Pemmikan, Schutzrauminnenausstattung. Offensichtlich hat die Familie noch an einem Bunker herumgebastelt, bevor sie abgehauen ist. ›Bei säumiger Zahlung werden die Inflationsraten monatlich angerechnet‹ ist über alle Rechnungen gestempelt. Im Küchenschrank finden wir, was wir suchen. Konserven, Eingemachtes (nach der alten Art), Bohnen, Nudeln und Trockenmilch.

Wir durchsuchen noch den Keller. Die Tür zum Bunker steht offen. Er ist voller Farbtöpfe und Schüsseln mit eingetrocknetem Mörtel. Die Innenwände sind halb verputzt. In einer Ecke finden wir noch eine volle Kiste Wein, aber deutschen, gepanschten.

Im Nebenhaus ist alles ausgeräumt, sogar die Möbel. Entweder hatten diese Normalos so viel Geld, daß sie alles mitnehmen konnten, oder jemand war vor uns da. Eine Fensterscheibe ist eingeschlagen. Noch ein Haus weiter: Einrichtung rustikal und eine Videoanlage, komplett und unbeschädigt. Mit einer Menge Kassetten. Alte

Humphrey-Bogart-Filme, Science Fiction und mengenweise Softporno. Den lassen wir liegen, bis auf einen, den Boris etwas verlegen einsteckt.
Als wir vollbepackt den Rückzug zum Bus antreten, ist von der nächsten Straßenecke Musik zu hören. Ein Lichtschein auf der Straße. »Ich will das sehen«, sagt Boris, läßt vorsichtig den Motor an, greift in die Jacke und gibt mir eine Knarre. »Wenn du diesen Hebel ziehst, ist sie entsichert«, sagt er, »hast du schon mal geschossen?«
»Ich war mal eine Zeitlang bei den Harten«, antworte ich. »Das dachte ich mir.«
Im Garten eines Bungalows hängen Lampions, aus dem Wohnzimmer hinter der Veranda kommt das flackernde Licht eines Lichthackers. Gekichere und Gegröhle mischt sich mit dem Gewummer einer Stereoanlage. Boris läßt den Bus bis vor die Hecke des Grundstücks rollen, nachdem er den Motor abgestellt hat. Auf der Veranda hängen etwa zwanzig aufgeputzte Hippies und Normalos. Sie sind betrunken bis zum Anschlag. Auf der Wiese rammeln einige Paare im Schatten der Büsche still vor sich hin.
»Und dann hat mir mein Alter ne Transitkarte unter die Nase gehalten«, grölt eine kahlrasierte Frau in einem enganliegenden Plastikschlauch, der an ihrem Unterleib durchsichtig ist. Sie kann sich kaum auf den Beinen halten. Gelächter antwortet ihr.
». . . aber solangs noch was zu ficken gibt, kriegen die mich nicht über den Teich . . .«
Gekicher.
»Blöde Bunkerfotze«, kreischt eine andere Frau. Eine Zeitlang brüllt alles durcheinander, dann schlichten zwei Jungnormalos mit Pomade im Haar die Streitszene. Plötzlich wird es still. Man hat uns entdeckt.
»Hee, guckt mal, ein Klautrupp.«
»Kommt her, schwingt das Tanzbein.«
»Wir haben noch tonnenweise Wodka.« Gelächter.
»Hee, ihr Endzeitbubis, nehmt euch, was ihr kriegen

Aus dem Bericht der Forschungskommission an den großen Rat der ›Organisation Phoenix‹

. . . betreffs Zeitpunkt und Intensität des Zusammenstoßes ist unser Team zu folgenden Ergebnissen gekommen:

1. Der Aggressionskoeffizient in den Bevölkerungsmassen der Industriegesellschaften flacht weiter ab. Gleichzeitig geraten die militärischen Eliten in zunehmende Isolation von der Öffentlichkeit. In den Streitkräften steigt das Suizid-, Insubordinations- und Desertionspotential weiter an.

2. Aufgrund dieser Entwicklung hat sich im Sommer 1989 eine Fraktion in den NATO-Planungsstäben durchgesetzt, die für kriegerische Handlungen zu einem Zeitpunkt eintritt, an dem zumindest Teile der Kommandostrukturen noch funktionsfähig sind. Das heißt: innerhalb des nächsten Jahres.

3. Das Drohpotential zwischen den beiden Großmächten hält unvermindert an, während das Abkoppeln der kleinen Nationen nur noch durch innenpolitische Zwangsmaßnahmen verhindert werden kann (siehe Notstands-Dauerzustand in der BRD). Es wird – im Konfrontationsfall – mit ziemlicher Sicherheit zu größeren Unstimmigkeiten zwischen nationalen und Großmachtmilitärs kommen. Deshalb werden die militärischen Planer der Großmächte gezwungen sein, rasch auf eine strategische Stufe zu eskalieren, weil ein Gefechtsfeld in Mitteleuropa keinerlei Stabilität besitzen wird.

könnt. Die Papis und Mamis haben alles dagelassen.«
Wir steigen wortlos in den Bus.

30. September

Die Arbeitsmoral hat sich auf einer hohen Stufe eingependelt. Heute ist die Filteranlage fertig geworden, wir haben den Überdruck bei geschlossener Schleuse bereits getestet, es scheint keine undichten Stellen zu geben. Carla und Boris sind gerade dabei, den Brechsand in den Filterkasten zu schaufeln. Das Volumen müßte reichen, um bis zu 300 rem herunterzufiltern – ein Wert, der nach den Prognosen des Vereins kaum auftreten dürfte. Zur Sicherheit haben wir noch einen kleinen Oxygentank in den Vorraum eingebaut. Bei Spitzenwerten können wir so auf Innensauerstoff umschalten und den Filtersand schonen. Wenn er erst einmal kontaminiert ist, können wir ihn nicht wechseln, ohne die ganze Höhle zu verstrahlen.
Die Beschaffungsaktionen sind ergiebig. Unser Bedarf an Lebensmitteln ist fast gedeckt. Das größte der drei Tonnengewölbe haben wir zum Gruppenraum gemacht. Wir füllen es mit optischen Wärmezeichen und achten dabei vor allem auf natürliche Mineralien. Der Lehmboden ist mit dicken (und teuren, aber was heißt das schon) Teppichen ausgelegt, die Wände mit Stoff behängt. Zwei Videodecks mit einer ausreichenden Anzahl von Bändern und zwei großen Flachmonitoren, eine Quadrophonie-Anlage, jede Menge Sofas, Sessel, sogar Kleiderschränke . . .
Der mittelgroße Raum rechts von der Schleuse wird die Küche. Den größten Teil der Nahrungsvorräte haben wir hinten im Materiallager gestapelt, trotzdem türmen sich in der Küche die Konserven. Carla hat eine UV-Infrarot-Lampe aus einem Elektrogeschäft besorgt und füllt einen Alucontainer mit Walderde. Sie will später Frischgemüse unter Kunstlicht ziehen.
Wir haben eine Reihe von Vorsichtsmaßnahmen getrof-

fen. Unten, wo der Waldweg von der Straße abbiegt, legen wir jedesmal Bretter auf den Matsch, bevor wir hinein- oder herausfahren. So vermeiden wir, daß man von der Straße aus Reifenspuren sieht.

31. September

Die verbale Kommunikation ist auf ein technisches Minimum reduziert, abends fallen wir müde in unsere Schlafsäcke. Die Nachrichten im Radio sind zunehmend zensiert, ganz zu schweigen vom einzigen Notstandskanal in der Glotze. Die freien Sender sind jetzt verboten und werden – einer nach dem anderen – ausgehoben. So hört man fast auf allen Kanälen die gleiche seichte Musik.

Trotzdem können wir uns manches aus den Verordnungen zusammenreimen, die jeden Abend über alle Sender gehen, bevor die Ausgangssperre um 11 Uhr beginnt. In den Städten haben die Harten offenbar eine Generaloffensive ausgerufen, die zu einer Räumung der meisten Freiländer führte. Ein ausländischer Sender, den wir auf Kurzwelle empfangen, berichtet von Stellungskriegen und Anzeichen für den bevorstehenden Einsatz von Atomwaffen in Nahost. Im Mittelmeer gibt es Zwischenfälle zwischen russischen und amerikanischen Schiffen.

Unten auf der Straße fährt mittags eine lange Panzerkolonne vorbei. Das Geräusch von Kampfflugzeugen liegt schon seit Tagen in der Luft. Wir haben uns daran gewöhnt. Unruhig macht mich nur, daß Jennifer heute morgen Glückspillen einwarf und damit unseren Beschluß, so lange es irgend geht, auf Drogen zu verzichten, übertrat. Boris hat sie zur Rede gestellt. Sie verschwand im Wald, murmelte etwas von ›suchen gehen‹. Erst morgen wird sie wieder ansprechbar sein, wenn die Pillenwirkung nachläßt.

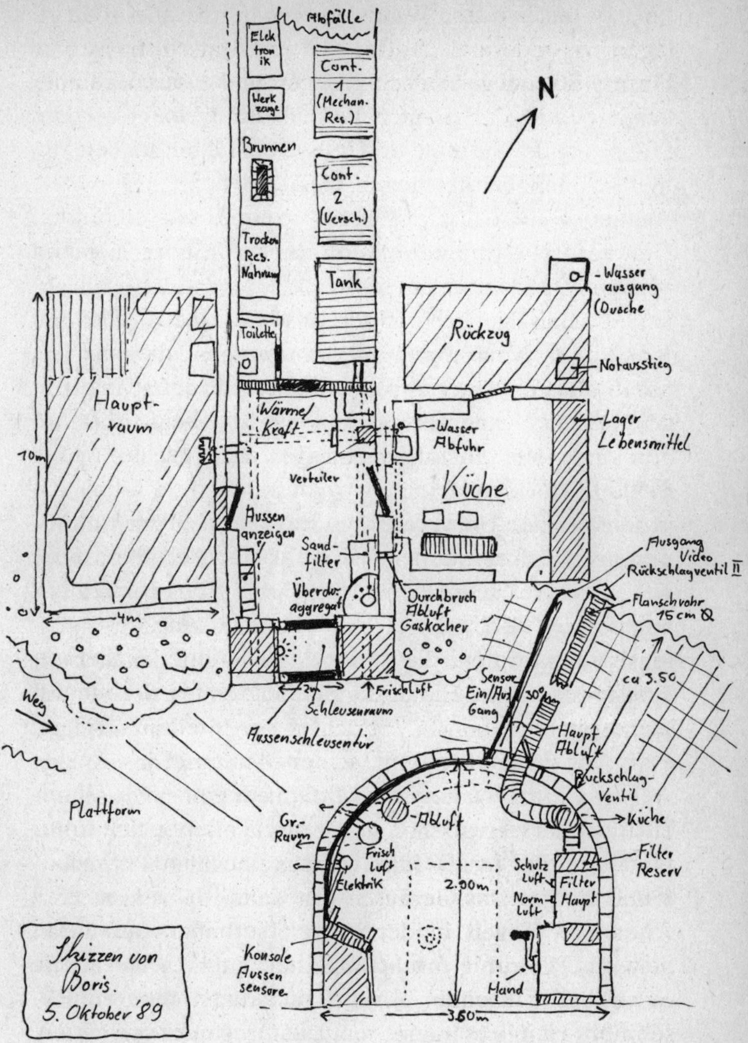
Abfälle
Elektronik
Werkzeuge
Brunnen
Trocken Res. Nahrung
Toilette
Cont. 1 (Mechan. Res.)
Cont. 2 (Versch.)
Tank
N
Wasser ausgang (Dusche
Rückzug
Notausstieg
Lager Lebensmittel
Haupt-raum
10m
4m
Wärme/Kraft
Verteiler
Wasser Abfuhr
Küche
Aussen anzeigen
Sand-filter
Überdr. aggregat
Durchbruch Abluft Gaskocher
Ausgang Video
Rückschlagventil II
Flanschrohr 15 cm Ø
ca 3.50
2m
Frischluft
Schleusenraum
Aussenschleusentür
Weg
Sensor Ein/Aus Gang
30°
Haupt Abluft
Rückschlag-Ventil
Plattform
Gr. Raum
Abluft
Küche
Frisch Luft
Elektrik
Filter Reserv
Schutz Luft
Filter Haupt
Norm Luft
2.00m
Konsole Aussen sensore
Hand
3.50m
Skizzen von Boris. 5. Oktober '89

2. Oktober

Unsere Streifzüge werden gezielter und dadurch gefährlicher. Wir brauchen spezielle Teile für die elektronische Steuerung der Systeme und müssen in Läden suchen, die in den Innenbezirken liegen. Gestern wurde auf Jennifer, Joel und Reiner geschossen, als sie ein Zusatzteil für den Generator besorgen wollten. Es wurde aber niemand verletzt.
Der technische Perfektionismus von Boris führt zu Konflikten. Noch unterstützt ihn Jennifer, die eine fast fanatische Ausdauer im Experimentieren mit Schaltkreisen hat. Joel kritisiert: Die Teile, die beide für ihre Konstruktionen benötigen, bringen die ganze Gruppe in Gefahr. Boris verteidigt sich und Jennifer: Ohne ein automatisches Steuerungssystem aller Lebensfunktionen des Bunkers kämen wir nicht aus, weil es unseren Energievorrat schonen würde. Dann gibt er scheinbar nach: Er will die Teile in Zukunft alleine besorgen. Natürlich lassen wir das nicht zu, denn jeder Einzelvorstoß in die Innenbezirke der Städte in der Umgebung ist zu gefährlich.
Unbeirrt baut Boris an seiner Außensensor-Anlage weiter. Zusätzlich zum Geigerzähler hat er einen Windrichtungsmesser auf dem Fels oberhalb der Schleusentür installiert und zwei ferngesteuerte, schwenkbare Videokameras. Der nächste Konflikt entsteht, als er zwei Bäume fällen will, die im Schwenkbereich der Kameras stehen. Das würde den Schleuseneingang von der Straße aus sichtbar machen. Carla braucht eine halbe Stunde, um ihn zu überzeugen, die Bäume stehen zu lassen. Diesmal wird sie von Jennifer unterstützt. Letzte Nacht habe ich mit Joel draußen auf der Plattform geschlafen. Die Temperatur ist für die Jahreszeit außerordentlich hoch. Wir sprachen beide über ein merkwürdiges Emotionspotential in der Gruppe, eine Mischung aus »Leere« und »Stau«.
»Es ist widersprüchlich«, sagt Joel, »eigentlich finde ich

die Konstruktionen von Boris sinnvoll, und ich helfe ihm, wo ich kann. Gleichzeitig aber macht es mir Angst: Nicht mehr lange und die Höhle ist ein System, das selbst dann arbeitet, wenn wir tot sind, ein Körper ohne Seele.«
Joel ist immer sehr lyrisch, aber sie hat recht.

6. Oktober

Joel und ich waren auf einer Besorgungsfahrt, als es passierte. Eine Gruppe von verwahrlosten Normalos, die auf einem Platz im Zentrum herumlungerte, hatte eine drohende Haltung eingenommen und uns mit leeren Flaschen beworfen. Wir gaben unseren Plan, Neonröhren zu besorgen, auf und flüchteten in eine Seitenstraße. Nach mehreren Ecken hatten wir die Normalos, die uns schreiend und grölend hinterherliefen, abgehängt. Auf der Suche nach unserem Transporter irrten wir durch den alten Ortskern. Kleine, verwinkelte Gassen mit Fachwerkhäusern und kleinen Lädchen. Als wir endlich die Richtung wußten, kamen wir an diesem Gerümpel-Lädchen vorbei, einem Second-Hand-Shop, mit überflüssiger und billiger Zivilisationsware. Aber dann fiel mein Blick auf ein Spielbrett im Fenster, mit einer Unzahl von Linien, die im rechten Winkel zueinander standen und ein Gitter bildeten. Daneben standen zwei Schalen mit Glasmurmeln in Schwarz und Weiß, so ähnlich wie die kleinen, mit rosa und weißem Zuckerguß überzogenen Bitterschokoladenplätzchen, die ich immer in meiner Kindheit gegessen hatte.
Ich blieb stehen und begann zu träumen. Joel versuchte mich weiterzuziehen. Ich erinnerte mich an dieses Spiel. Es war ein Go-Spiel. Ich hatte es früher mit Leidenschaft gespielt, es erschien mir immer als das Spiel der Spiele, viel wichtiger und klüger als Schach. Ich wollte damals ein Zen-Meister werden.
Ich begriff, daß ich dieses Spiel haben mußte. Ich bat Joel, in einem Hauseingang zu warten, ich würde ihr später alles erklären. Einige Meter weiter fand ich eine

Lücke in der Häuserfront, die mit einem Bretterzaun zur Straße hin abgeschlossen war. Nachdem ich mich an zwei Mauern zerkratzt hatte, stand ich im Hinterhof. Im Hinterraum brannte Licht.

Ich spürte, daß jemand da war.

Ich stellte mich in den Hausflur. Es roch ziemlich alt. Dann nahm ich allen Mut zusammen, meine Knarre in die Hand und drückte die Klinke herunter.

Die Tür war offen. Sie knarrte viel zu laut. Ein alter Mann saß hinter einem Tisch mit einer mechanischen Ladenkasse. Er sah mir ohne Angst ins Gesicht und sagte:

»Kommen Sie ruhig rein, junger Mann. Und legen Sie ihre Pistole weg. Wegen mir können Sie alles mitnehmen. Aber wenn Sie das nächstemal einbrechen wollen, dann machen Sie nicht so einen Lärm beim Atmen.«

Ich war verwirrt. Dieser Alte in einem Kordanzug, der ihm formlos um die Schultern hing, hatte einen Blick, wie ich ihn seit Jahren nicht gesehen hatte. Es wurde mir ganz heiß dabei, obwohl er mich einfach nur fixierte. Aber genau das war es: Er hatte keine Spur von Amok in den Augen.

Ich sagte: »Ich will das Go-Spiel, aber ich habe kein Geld. Vielleicht würden Sie es tauschen.«

»Ich brauche kein Geld, Geld ist nutzlos«, antwortete der Mann, »und gegen was sollte ich es tauschen? Ich habe viel zuviel getauscht. Man kann sich kaum noch darin bewegen.« Dann ging er in den vorderen Teil des Ladens und holte das Spiel. Vorsichtig legte er es auf den Tisch. »Komm her«, sagte er, »du hast schwarz, ich habe weiß. Du fängst an, und wir spielen, bis ein SEKI entsteht. Wenn du die Regel beherrschst, kannst du das Spiel behalten.«

Ich versuchte mich zu erinnern. Eine SEKI, war das nicht eine ›endlose Schlagabfolge‹, eine Konstellation, wo durch jeden Zug ein Stein des Gegners geschlagen wurde, dieser aber auch durch jeden Gegenzug einen Stein des ersten Spielers erhielt? Genau: Eine sinnlose

Zwickmühle, die kein Ende hat, bis alle Steine verbraucht sind. Deshalb muß man, wenn ein SEKI entsteht, einen Zug lang auf das Schlagen an dieser Stelle verzichten.
Bereits mit dem fünften Zug hatte der Alte die SEKI-Figur erreicht – er schlug einen Stein von mir. Wenn ich jetzt zurückgeschlagen hätte, wäre das ein Regelverstoß gewesen. Ich setzte woanders hin.
»Gut«, sagte der Alte, »es ist zwar nur eine kleine Regel, aber sie ist wie die heutige Welt. Wenn man nicht aufhört, immer denselben sinnlosen Zug zu machen, dann geht alles endlos weiter, bis nichts mehr da ist. Das Spiel gehört dir. Bis die Steine dieser Welt endgültig verbraucht sind . . . aber lassen wir das. Du kannst vorne rausgehen, die Tür ist offen.«
Joel hatte sich schon überlegt, ob sie nach mir suchen sollte. Als wir im Bus saßen, sagte sie: »Du hast deine Spur gefunden, oder?«

8. Oktober

Gestern ist Jennifer mit dem Bus verschwunden. Sie war allen Gesprächen aus dem Weg gegangen, seitdem wir sie wegen der Pillen kritisiert hatten. Boris weiß offenbar, warum sie weggefahren ist, und sagt, wir sollten nichts unternehmen. Sie käme von alleine wieder.
Abends sitzen wir draußen um ein Holzkohlenfeuer herum und wärmen uns die Hände, als wir das Geräusch des Busses von der Straße her hören. Kurz darauf hält er auf der Plattform, Jennifer steigt aus und geht ohne ein Wort durch die Schleuse. Sie trägt ein großes Paket.
Als ich später nach drinnen gehe, liegt sie auf dem großen Berberteppich im Gruppenraum und rückt winzige Möbel umher. Ihre ›Gabe‹ ist ein altes Puppenhaus. Sie spielt damit, als sei sie ein kleines Kind.

10. Oktober

Auch Carla sondert sich ab. Sie vernachlässigt Aufgaben, die sie freiwillig übernommen hat und verschwindet tagelang im Wald. Mit Mühe können wir sie überreden, wenigstens einen der kleinen Funkempfänger mitzunehmen, damit wir sie jederzeit erreichen können. Sie soll sich auf keinen Fall weiter als einen Kilometer vom Stollen entfernen. Reiner ist ziemlich nervös. Er sieht zwar ein, daß ihre Suche notwendig ist, fühlt sich jedoch in der Gruppe allein und spricht kaum.
Wir fangen jetzt mit der Installation des Wärme-Kraft-Kopplers an, der die Höhle heizen und mit Strom versorgen soll. Ein kluges Gerät aus den Zeiten des ökologischen Schubs, ein Allesbrenner, den wir notfalls sogar mit getrockneten Küchenabfällen betreiben können. Bei der Abluft gibt es Probleme. Boris will sie durch das Materiallager in den Stollen führen. Ich bin dagegen, weil wir dann im Notfall nicht auf die Stollenluft zurückgreifen können – da wäre dann alles voll Kohlenmonoxyd. Ich widerspreche Boris, schlage vor, die Abgase an die Filterabluft zu koppeln, die einen Ausgang nach draußen hat. Boris gibt nach, aber widerwillig, wie mir scheint. Mein Aggressionspotential gegen ihn sinkt durch diesen Sieg.

11. Oktober

Carla hat von einer Wanderung eine Katze mitgebracht, ein graues, dickes Tier, das sie Phoenix nennt. Die Katze läßt sich sofort in der Küche nieder, als sei sie dort zu Hause, scheißt in den Filtersand, daß es in der ganzen Höhle stinkt und wir die Schleusentür auflassen müssen. Wir haben jetzt überall in der Höhle elektrisches Licht. Da der Generator sehr laut ist, mauern wir ihn mit Dämmplatten ein.

13. Oktober

Joel und Boris sind die einzigen, die noch nichts haben. Reiner hat sich von einem nächtlichen Ausflug eine unförmige Schreibmaschine mitgebracht, einen mechanischen Schrotthaufen aus Hunderten von Hebeln, Stäben und Häkchen. Wenn wir abends mit der Arbeit fertig sind, nimmt er sie auseinander, ölt und entrostet die Einzelteile, setzt sie nach einer alten Bauanleitung wieder zusammen.

Am Spätnachmittag – um diese Jahreszeit wird es jetzt schon dunkel – brechen Joel und Boris auf. Sie versprechen, bis Mitternacht wieder dazusein.

Gegen zwei – wir können alle nicht schlafen – gibt der Empfänger an der Schleuse endlich Signal. Da sie nachts zu ist, haben wir uns auf eine Frequenz geeinigt, auf der man sich melden kann. Erschöpft fallen die beiden in den Gruppenraum.

Die Hauptstraße ist vom Militär gesperrt. Die beiden mußten über Waldwege bis zur Stadt fahren. Zweimal ist ihnen der Bus im Schlamm steckengeblieben. Es hat viel geregnet die letzten Tage.

Auch jetzt schüttet es draußen. Die Kiste mit Joels Gabe können wir nur mit Mühe zu sechst durch den aufgeweichten Lehm der Plattform schleifen. Der Dreck versaut den Boden von Schleuse und Gruppenraum. Das Ding, was da schließlich aus einem Haufen Verpackungsmaterial auftaucht, ist ein Flipper der neuesten Generation, ein ovaler Kasten mit einem holographischen Projektor.

Als Joel den Apparat anschließt, schaltet der Generator im Vorraum deutlich hörbar auf eine höhere Umdrehungszahl. Joel läßt eine Kugel auf die oberste Ebene gleiten. Sie war immer schon gut im Flippern und schafft es schon nach ein paar Sekunden, den Ball in einem ›Visionsspeicher‹ zu deponieren. Der Flipper honoriert mit einem Tiefflug über Polarlandschaft. Ein selten gutes 3D-Bild. Obwohl der Ausschnitt relativ klein ist, hat

man ein ziemlich direktes Fluggefühl, solange man innerhalb des Projektionsfeldes steht.
Es ist einer von der hinterlistigen Sorte. Die Fahrt stoppt abrupt über einer Gruppe von Eisbären, nähert sich blitzschnell einer Eisbärenschnauze, die aus der Projektion herauswächst und zwei Kugeln auf eine zweite Ebene fallen läßt. Joel muß jetzt sehr schnell sein. Eine Kugel geht sofort verloren, die andere tanzt unkontrolliert zwischen den Magnetfeldern. »Keine Kontrolle«, sagt der Flipper, kassiert die Kugel und spuckt sie auf der dritten Ebene wieder aus. Hier gibt es keine Felder mehr, nur noch mechanische Flipperhebel. Der Apparat heult und kichert, als Joel einen Zusatzball aus dem Speicher schießt, die Punktzahlen huschen schneller über die Anzeige. Kurz hintereinander tanzen die beiden Kugeln ins Aus. Immerhin fast eineinhalb Millionen Punkte. »Nicht schlecht für den Anfang«, gurgelt das Ding. »Neuer Ball gefällig?« Morgens um sechs sind Joel und Boris immer noch beim Spielen. Wir anderen haben uns in die Küche zurückgezogen und schlafen auf den Bänken.

14. Oktober

Zwischen Joel und Boris scheint eine Gefühlsbindung entstanden zu ein. Sie berühren sich während der Arbeit. Abends frage ich Joel, was los sei. »Du irrst dich«, sagt Joel, »er tut mir nur leid. Er ist ziemlich kalt, finde ich. Ich befürchte, das Training hat seinen innersten Kreis beschädigt.« »Das glaube ich nicht. Erstens müßten die Trainer das erkannt haben, zweitens gibt es einfach Menschen wie Boris, die sehr pragmatisch sind.«
»Kann sein. Aber ich glaube, wir müssen ihm ein bißchen helfen, daß er eine eigene Gabe findet und sich nicht endgültig an meine anhängt.«

15. Oktober

Es geht von Boris aus, glaube ich. Wo immer sich eine Gelegenheit bietet, berührt er Joel. Ansonsten bastelt er an einem energiesparenden Konverter für den Flipper.

16. Oktober

Ich verlange einen Gruppenrat. Die anderen sind sofort einverstanden, weil sie spüren, daß die notwendige Arbeit stockt und etwas in der Luft liegt.
Ehe ich etwas sagen kann, wirft Boris mir vor, daß ich hinter Jennifer her wäre. Er würde den emotionalen Diskurs mit Joel sofort abbrechen, wenn das nicht so wäre. Ich bestreite es, bin sauer über den strategischen Trick. Ich habe nur gestern Jennifer erzählt, daß ich wegen Boris und Joel kein Gleichgewicht mehr habe. Sie hat mich eine Weile in den Arm genommen – das war alles.
Dann schlägt Carla eine Auflösung der Paarbeziehungen vor. Oder wenigstens eine Duldung von Sekundärbeziehungen, wenn sie nicht bis zum Vögeln führen. Reiner widerspricht, er sagt, das wäre das Ende der Gruppe, früher oder später.
Wir beschließen, die Paare unangetastet zu lassen, ein Treuegebot einzuführen, das aber Berührungen toleriert. Weiterhin wird im kleinsten Raum – hinter der Küche – ein Rückzug-Raum eingerichtet, der den Paaren zur Verfügung steht, wenn sie vögeln oder allein sein wollen. Das Zusammenschlafen im Gruppenraum hat das Vögeln behindert.
Außerdem werden wir die ›Gaben‹ vorerst ins Materiallager stellen, weil sie die Arbeitsmoral gefährden. Solange jedenfalls, bis alles fertig ist. Jennifer zeigte in den letzten Tagen ernsthaft Regressionsanzeichen mit ihrer Puppenstube, und der Flipper war andauernd in Betrieb.
»Diese Gegenstände«, sagt Reiner, »sind für die Zeit da, wenn wir hier nicht rauskönnen.«

18. Oktober

Im Radio wird die letzte Mobilmachungsstufe verkündet. Die Freiländer werden nach Wehrtauglichen durchkämmt. Wenn sie uns jetzt finden . . .

19. Oktober

Boris wird unruhig, er drückt aufs Arbeitstempo. Wir müssen ihn darauf stoßen, daß er noch eine Gabe braucht, sonst würde er einfach weiterbasteln. Die chemische Toilette ist installiert, ebenso diverse Heizkörper.
Der Raum, den wir Empfangshalle nennen – das Gangstück direkt hinter der Schleuse – ist mit Kabeln, Rohren und Geräten vollgestopft. Neben der inneren Schleusentür installiert Boris gerade die Sensoranzeigen. Auf zwei Monitoren können wir die Straße und den Waldweg beobachten. Dann sind da noch Zeiger für Luftdruck, Windrichtung und Luftfeuchtigkeit. Die Zeiger für die Außenradioaktivität stehen auf Null.

21. Oktober

Joel und ich gehen jetzt viel im Wald spazieren, im kleinen Radius und das Funkgerät immer dabei. Der Wald ist voller Pilze, von denen wir bald die Nase voll haben. Letzte Woche gab's pfundweise Steinpilze. Auf dem Kamm über der Höhle sehen wir einen Soldaten auf einer Lichtung. Er ist verschmutzt und kocht sich etwas auf einem Holzfeuer. Quer über der Stirn hat er eine verkrustete Narbe. Ein Deserteur. Er redet mit sich selbst. Fast hätten wir unser oberstes Gebot – keine Außenkontakte – übertreten.

28. Oktober

Jetzt bleibt nicht mehr viel zu tun. Sogar das Funkgerät ist aufgebaut, die Antenne im Gebüsch versteckt. Die meisten Kanäle sind mit militärischen Codes belegt. Das

Licht regelt sich automatisch nach den Tageszeiten. Boris ist seit gestern abend verschwunden.

29. Oktober

Boris ist mit Kisten zurückgekommen, die er schweigend im Materiallager stapelt. Es ist ein Computer. Merkwürdige Gabe.
In Berlin gibt es Feuergefechte zwischen Harten und Militär. Jennifer malt naive Bilder mit grellen Farben. Landschaften mit Windmühlen. Reiner meint, das sei trauerauslösend und damit konditionierungsschwächend. Aber die beiden anderen Frauen verteidigen Jennifer: Sie malt Zukunft, sagen sie.

1. November

Der erste Schnee. Wir verlassen kaum noch die Höhle. Das Kartenspielen nimmt überhand, Langeweile breitet sich aus, die Monitore der Videoanlagen laufen pausenlos. Ich schreibe fiktive Briefe an meine Eltern. Wenn sie fertig sind, verbrenne ich sie in den Holzkohlebecken, mit denen wir den Gruppenraum heizen, um Treibstoff zu sparen. Wir müssen allerdings den Luftaustauscher anstellen, weil sonst der Qualm unerträglich wird.

15. November

Wir haben unsere Gaben aus dem Lager geholt. Apathie begann sich auszubreiten. Ich spiele Go mit Reiner, der den spirituellen Aspekt daran gut versteht. Boris sitzt schweigend an seinem Terminal, er macht endlose Programme. Es ist ein ›halbbiotisches Modell‹, sagt er. Eine Technik, die sich in vielen Fällen selbst regenerieren kann, ein selbstlernendes System, fast unsterblich. Mir macht das ein ungutes Gefühl, aber Boris ist überzeugt, daß es ökologisch sinnvoll sein könnte, sich diese Technologie eines Tages nutzbar zu machen.

Phase IV

GROSSES LICHT

30. November

Als ich aufwache, stellt die Automatik das Neonlicht gerade auf Dämmerung. Es ist kalt, denn wir schlafen nachts eng zusammen und lassen die Holzkohle ausgehen. Ich sehe meinen Atem.
Ich wickele mich aus den Decken und tauche aus dem Traum. Es war ein einfacher und angenehmer Traum, eine Reise mit einem Pferd, das reden konnte. Seit dem Training sind alle Träume so.
Noch im Halbschlaf entriegele ich die innere Schleusentür. Das rote Licht im Schleusenraum leuchtet auf. Als ich die Tür hinter mir wieder zumache, geht es aus. Erst jetzt kann ich die äußere öffnen. Seit einigen Tagen haben wir den Blockademechanismus aktiviert.
Draußen steht eine Spätherbstsonne. Es taut. Zwischen den Schneeresten schmutziggrüne Winterwiesen. Von den Bäumen tropft es. Ich laufe auf und ab, um meinen Kopf klarzukriegen. Es ist still an diesem Morgen, sogar das Heulen der Düsenjäger fehlt.
An der Stelle, wo der Waldweg auf der Plattform endet, hat sich Müll angesammelt. Müssen wir mal wegräumen, denke ich.
Talaufwärts führt der Wald bis an die Straße. Am Waldrand zur Wiese hin tritt ein Reh heraus, knabbert am Gesträuch und zieht eine Spur durch den pappigen Schnee. Es läuft hangabwärts, überquert die Straße. Da fährt kein Auto mehr, schon seit Wochen haben wir kaum eins gesehen. Gute Zeiten für Rehe, denke ich. Reiner hat vor Wochen eins geschossen, aber wir haben so lange dran gegessen, daß wir keine Lust mehr auf Wild haben.
Ich wende mich gähnend wieder der Schleuse zu. Was werde ich heute tun? Vielleicht Vorräte sortieren. Wir müssen mal Inventur machen, in der letzten Zeit gab es ein paar Kochorgien aus Langeweile. Oder wieder viel schlafen, Träume aufschreiben.

Da liegt etwas in der Luft, was ich lange nicht gehört habe. Ein feiner Ton, der von nirgendwo und überall zu kommen scheint. Im Dorf, dessen Schindeldächer man durch eine Lücke im Gesträuch sehen kann, läuten die Glocken. Aber heute ist Mittwoch, außerdem haben die keine einzige Messe gehalten, seit wir hier sind. Jedenfalls haben wir nichts davon gehört.
Aber da liegt noch ein anderer Ton dahinter, der Ton von Sirenen.

Die Verriegelung der inneren Schleusentür klemmt. Ich quetsche mir den Daumen, als ich sie mit Anstrengung doch noch zukriege und renne in den Gruppenraum. Ich brülle. Die anderen schlafen immer noch. Ich drehe das Radio auf volle Lautstärke.
Eine weibliche Stimme: ... »wiederhole, suchen Sie umgehend die Kellerräume oder Ihren Schutzraum auf. Gehen Sie nicht ins Freie. Begeben Sie sich im Notfall unter den Türrahmen, schützen Sie die Augen« ... Dann ist der Sender weg, es rauscht.
Boris aktiviert die Monitore der Außenvideos. Reiner hat einen trockenen Hustenanfall. Carla liegt immer noch, sie starrt die Wand an. Ich gehe die Frequenzen durch.
»... anfliegenden Flugzeuge im Raum ...«
»... geht das Heereskommando Nordost davon aus ...«
»... senden wir die Ouvertüre in d-Moll ...«
Die Sender rauschen und knattern, kaum, daß ich sie gefunden habe. »Es hat keinen Zweck«, sagt Reiner ruhig vom Vorraum aus, »der EMP.«
»Was?«
»Der elektromagnetische Impuls.«
»Das heißt, daß schon etwas gezündet wurde.«
»Da wirst du wohl recht haben. Komm mal her.«
Auf der Schleusenkonsole blinkt ein Warnlicht. »Weißt du, was das bedeutet«, sagt Boris, ohne seinen Ton zu heben, »du hast die äußere Schleusentür aufgelassen.«

Das Warnlicht starrt mich an. Ich starre zurück. Der Blockiermechanismus hat versagt . . .
»Du kannst jetzt nicht mehr raus«, sagt Joel. Sie hat Panik in der Stimme. Wortlos entriegele ich die innere Tür, sie geht jetzt ganz leicht. Draußen steht die Morgensonne unberührt eine Handbreit über der gegenüberliegenden Hügelkette. Als ich die Außentür zu habe, ist es einen Moment finster im Schleusenraum. Dann flammt die Beleuchtung auf. Ich falle in den Vorraum. Als Boris den letzten Riegel hinter mir zudreht, leuchten die Bildschirme weiß auf.
»Die Filter«, sagt Boris und drückt einen Knopf. Dann hat sich das Bild stabilisiert, aber mit weniger Kontrast als vorher. Der Lichtblitz hat die Röhren der Kameras angegriffen, aber nicht zerstört.
Wir zählen. Einundzwanzig, zweiundzwanzig, dreiundzwanzig. Bei fünfunddreißig wackelt das Bild, als die Druckwelle die Kameras erfaßt. Die Bäume im Blickfeld der Kamera beugen sich, kleine Äste splittern.
Vorbei. Es ist 7.15 Uhr
Um 8 Uhr überblendet die Kamera erneut, diesmal etwas schwächer. Dann noch einmal um Viertel vor neun und, noch schwächer, gegen elf.
Die Schneeflecken sind verschwunden.
Gegen zwölf steigen die Zeiger des Geigerzählers. Sie stehen gegen halb eins auf 60 rem. Wir schalten um auf Innensauerstoff, auch wenn das eigentlich nicht nötig wäre. Carla ist sehr nervös, sie klappert mit den Zähnen. Sie kriegt eine Valium. Wir machen ein »Summtraining«, bis auf Boris, der die Anlagen kontrolliert.
Im Radio rauscht es nur noch. Auf Kurzwelle einige unverständliche Satzfetzen. »Bei diesen Strahlenschauern kommen die Radiowellen nicht durch«, sagt Boris.
Gegen Nachmittag legt Reiner einen schlechten Western ins Abspielgerät.
Draußen sind etwas mehr als 80 rem.
Zum Einschlafen nehmen wir alle geringe Dosen Va-

lium. Boris sagt, er könne nicht schlafen, und übernimmt die Wache bis ein Uhr. Er sagt, er glaube nicht, daß noch was nachkommt.

1. Dezember

Auch heute ist nichts nachgekommen. Gestern abend haben wir uns ein Menü gegönnt, mit Schildkrötensuppe als Vorspeise, Hummer aus der Dose und gutem Wein. Gegen Nachmittag riß uns ein erstaunlich klarer Sender auf der Kurzwelle aus dem Tran. Er verkündete einen provisorischen Waffenstillstand und versprach Hilfe. Eine Rede des Bundeskanzlers wurde für übermorgen angekündigt. Dann Schadensmeldungen: »Der Raum soundso ist großflächig zu meiden.«
Draußen jetzt nahezu 100 rem. Bei Carla versagen die Nerven. Sie behauptet, es sei notwendig, in die Schutzanzüge zu gehen. Wir brauchen viel Geduld, sie zu beruhigen. Falls irgend etwas eindringen sollte, würde die Automatik, die Boris an die Innengeigerzähler gekoppelt hat, sofort Alarm geben. Wir hätten dann noch Zeit genug.
Heute gibt es Frühstück mit Cornflakes und Orangensaft. Erst jetzt registriere ich die Bemalung der Küche. Jennifer hat sie gekalkt und dann an zwei Wände Fenster gemalt, mit Blümchengardinen und Weiden mit Kühen. Dann liegen wir wieder auf den Sofas im Gruppenraum und hören Radio. Ab und zu wirre Dialoge von Durchgeknallten. Auch die ausländischen Sender knattern unverständlich. Das einzige, was sich halbwegs heraushören läßt, ist arabische Musik.
Reiner findet doch noch einen Kanal, in dem zwischen Bibelpsalmen verlautet, daß aus den westeuropäischen Kampfgebieten keine neuen Informationen vorliegen. Auf dem Funkgerät sieht es nicht anders aus: jede Menge irres Gestammel.
Sonst verläuft der Tag ruhig. Die Strahlung ist auf 65 rem abgesunken. Boris ist besorgt, er meint, so viel dürfte es

nicht sein. Das Erstschlagsziel im Nordosten sei unmöglich die Ursache. Bei N-Waffen müßte die Strahlung schneller absinken.
Er rechnet viel. Er sieht sich die Videoaufzeichnungen von vorgestern durch, bestimmt anhand der Schatten des Blitzes den Lichteinfallswinkel und mittels der Zeitunterschiede zwischen Blitz und Druckwelle die Entfernungen. Er steckt Fähnchen in eine Landkarte. Wenn seine Skizzen stimmen, sind in der näheren Umgebung keine größeren Städte zerstört. Mit Ausnahme von Gießen, das an einem Militärflugplatz lag.

3. Dezember

Die Rede des Bundeskanzlers haben wir nicht gehört. Vielleicht wurde sie auch nicht gesendet.
Statt dessen kamen Hilfsversprechen und Aufrufe, Ruhe und Ordnung zu bewahren.
Unten auf der Straße ziehen Flüchtlinge vorbei. Es sind fast fünfzehn im Lauf des Tages, einzeln oder zu zweit. Sie können sich kaum noch vorwärtsbewegen. Sie werden nicht mehr lange leben.
Wir haben dann beschlossen, die Monitore abzustellen, weil die Bilder von den Flüchtlingen traumatisieren können, trotz Konditionierung.
Heute morgen gab es eine Auseinandersetzung zwischen Carla und Jennifer. Wir bekamen einfach nicht heraus, warum. Angeblich soll Jennifer Carla wegen ihres Puppenhauses vor allen beleidigt haben, aber niemand hat das gehört.

6. Dezember

Morgens um fünf, noch in der Nachtperiode, schlägt die Aktivitäts-Alarmanlage an. In einer Minute sind wir in den Anzügen.
Der Sensor im Brunnen hat den Kontakt ausgelöst. Rätselraten: Wie kann das Wasser verseucht sein, wenn

die Luft völlig sauber ist? Wir decken den Brunnen erstmal ab und schälen uns wieder aus den Anzügen.
»Es ist nicht viel, vielleicht ein rem, aber es macht das Wasser unbenutzbar«, sagt Boris.
»Unsere Flüssigkeitsvorräte aus den Tanks, in Form von Säften und so weiter, reichen zwei Monate, wenn meine Liste stimmt«, verkündet Carla.
»Das heißt Rationierung, oder?«
»Haben wir Wasserfilter?«
»Ja, aber die absorbieren nur feste Teilchen von einer bestimmten Größe an aufwärts.«
»Also auch nichts mehr mit Waschen.«
»Vielleicht können wir doch was machen«, sagt Boris, »wenn wir einen genügend großen Container füllen und vorher filtern, dann nimmt die Belastung wenigstens nicht zu. Und auf 100 millirem kämen wir schon herunter.«
»Das wäre immer noch zuviel fürs Trinkwasser.«
»Was heißt zuviel? Ihr wißt doch, was für Giftdosen wir früher geschluckt haben. Wir müssen uns sowieso abhärten. 100 millirem – das ist vier- oder fünfmal soviel wie der Normalwert. Lächerlich. Außerdem: Wenn wir warten, könnten die Werte im Wasser noch weiter steigen.«
Die Diskussion geht noch eine Weile hin und her. Ungewöhnlich, daß Boris auf Risiko plädiert, aber er hat recht, denn Wasserrationierung würde die Psychospannung um einiges erhöhen.
Den Rest des Tages installieren wir also eine Pumpe und den Filter. Am Ende der Helligkeitsperiode sind 100 Kubikmeter in unserem größten Container. Boris berechnet seine Statik auf dem Computer. Er sagt, der Container würde den Druck halten.

7. Dezember

Boris stellt fest, daß das Wärme-Kraft-Aggregat zu viel Diesel verbraucht. Wahrscheinlich sind die Düsen verstopft. Wir müssen eine Weile Strom und Heizung ausschalten. Für die Luftzufuhr haben wir noch ein Notaggregat mit Handbetrieb. Ich stehe fast zwei Stunden und kurbele. Reiner mutmaßt, daß eher dieser verdammte Flipper als verstopfte Düsen den Verbrauch in die Höhe treibt. Die Düsen, die er ausgebaut habe, seien sauber wie neu gewesen. Wir haben alle Hände voll zu tun. Im Radio werden jetzt Durchhalteparolen ausgegeben.

9. Dezember

Die Lage hat sich beruhigt. Die Aggregate arbeiten störungsfrei, die Aktivitätswerte im Brunnen sind wieder gefallen. Entweder war das Meßgerät kaputt, oder die verstrahlte Grundwasserströmung wurde durch eine saubere verdrängt. Jedenfalls werden wir unser Notbassin nicht brauchen.
Boris arbeitet weiter an seiner Karte. Sein Computer nimmt inzwischen den halben Gruppenraum ein.
Boris hört Radio. Er notiert Daten, füttert sie in seine Denkmaschine, läßt sie Zahlenkolonnen ausspucken. Die Karte füllt sich mit schraffierten Flächen, Zahlen, Daten.

10. Dezember

Unsere inneren und äußeren Bewegungen sind jetzt langsam geworden, wie in Zeitlupe, obwohl niemand Pillen nimmt. Joel flippert weniger. Jennifer spielt mit ihrer Puppenstube. Carla sucht dauernd ihren Kater, der imaginäre Mäuse fängt. Ich übe Go-Konfigurationen, aber niemand will mit mir spielen. Auf beiden Bildschirmen laufen pausenlos Filme. Niemand kocht mehr, wir essen nur noch Trockennahrung. Wir müssen diese Regression stoppen, aber ich weiß nicht wie.

12. Dezember

Ich kann Boris überreden, mit mir zu spielen. Er besteht darauf, keine Vorgabesteine zu nehmen, obwohl er das Spiel kaum beherrscht. Nachdem ich ihm einige Steine getötet habe, wird er schnell nervös. Ich spüre, wie er nur in Kampf-Kategorien denkt, keine innere Ruhe entwickelt und die Verteidigung völlig vernachlässigt. Je mehr er denkt, desto größere Fehler macht er. Er gibt auf, bevor die Partie zu Ende ist.

14. Dezember

Als ich ins Lager gehe, um eine neue Gasflasche für die Küche zu holen, springt mir Jennifers Kater hinterher. Er verschwindet im Gewirr der Kästen und Container, das sich fünfzig Meter in den Gang erstreckt.
Im Lager gibt es keine Deckenbeleuchtung. Als ich endlich mit Hilfe der Taschenlampe die Gasflasche gefunden habe und den Rückweg antrete, pfeife ich, um das Tier nicht auszusperren. Hinten im Gang poltert etwas. Ich höre ein leises Piepsen. Dann springt der Kater mit einer Maus in den Fängen in den Lichtkegel der Lampe.
Ich verschließe erstmal die Tür zum Lager und rufe die anderen. Carla freut sich, sie ist stolz auf den Jäger. Die Maus blutet und zuckt nur noch mit den Beinen, wenn der Kater sie zum Weglaufen mit den Pfoten anstubst. Boris ist inzwischen in die Küche gegangen. Er kommt jetzt mit dem tragbaren Geigerzähler zurück. Über Katze und Maus steigert sich das langsame Klicken zum Stakkato.
Der Kater hat inzwischen die Maus halb verschlungen. Er schnurrt. »Willst du es selbst machen?«, fragt Boris Carla. Sie versteht ihn nicht. »Raus hier«, sagt Boris bestimmt und schiebt Carla durch die Tür zum Gruppenraum. Kurz darauf dröhnt ein Schuß durch die Höhle.

15. Dezember

Carla ist wie ein Stein. Sie ißt nichts, sie trinkt nichts, sie liegt nur da und starrt in die Neonröhren. Boris hat den Kadaver in Alufolie eingewickelt und tief in den Stollen getragen. Jennifer baut starke Aggressionen gegen ihn auf, zwischen beiden herrscht eine unerträgliche Spannung.

19. Dezember

Carlas Zustand verschlimmert sich. Jennifer mußte ihr eine Nährlösung injizieren. Wir haben sie in den Rückzugsraum gebracht. Als Boris versuchte, mit ihr Kontakt aufzunehmen, hat sie ihn geschlagen und bespuckt. Danach leidet sie unter Atemnot.
Kurz darauf platzt Jennifer mit ihrer Wut gegen Boris heraus.
»Du bist verantwortlich für diese ganze Scheiße. Du und dein Sicherheits-Raster. Von Anfang an reduzierst du alles auf Technik!«
Boris windet sich. »Du weißt, was es heißt, Strahlung in der Höhle zu haben«, murmelt er.
»Und weißt du, was es heißt, keine Gabe zu haben? Die paar lächerlichen rem! Erst vor kurzem hast du noch die Wasserverstrahlung heruntergespielt.«
»Der Kater wäre gestorben. Und weißt du, wie er sich gequält hätte? Und wie es Carla dann gegangen wäre?«
Jennifer sagt nichts mehr. Sie denkt nach.

20. Dezember

»Ich weiß jetzt, was es ist«, sagt Boris, »es sieht nicht gut aus.«
»Was weißt du?«
»Ich habe die Außenwerte in den letzten Tagen kontrolliert. Wir hatten vor einer Woche noch 30 rem, vor vier

Tagen 20, vor drei 15. Seit den letzten drei Tagen ist dieser Wert konstant, er rührt sich nicht vom Fleck.«

»Und was soll das heißen? Wir wissen doch, daß der Abfall der Werte nicht genau voraussehbar war.«

»Das schon. Aber es ist völlig unwahrscheinlich, daß eine zurückgehende Kurve sich plötzlich dermaßen abflacht. Selbst bei Bodendetonationen mit erhöhten Fallout-Halbwertzeiten nicht. Die nächste hatten wir in westlicher Richtung, 40 Kilometer entfernt, auf ein konventionelles Munitionsdepot, Luftdetonation. Dann war noch eine im Nordosten, etwas stärker, aber weiter weg.«

»Ja und?«

»15 rem, das ist nicht tödlich, aber enorm schädlich, jedenfalls über einen längeren Zeitraum. Am 30. November hatten wir Südsüdwestwind. In dieser Richtung gab es nur eine sehr weit entfernte Detonation, um genau 14 Uhr und 15 Minuten. Sie war so schwach, daß die Druckmesser kaum ansprachen. Aber nur sie kann diese 15 rem verursacht haben.«

»Wer weiß, wie sich der Fallout in den höheren Schichten der Atmosphäre bewegt.«

»Nein. Im südwestlichen Raum ist sonst überhaupt nichts niedergegangen. Die Windrichtung blieb drei Tage nach dem 30. konstant. Ich zeige es euch an der Karte.«

Boris zieht eine Linie von unserem Standort aus in südwestlicher Richtung.

»80 Kilometer in dieser Richtung liegt Hanau. In Hanau gibt es einen Haufen kerntechnische Anlagen, unter anderem ein Plutoniumlager. Genau dort muß die Bombe gefallen sein. Das würde auch erklären, warum im Radio dauernd vor dem Betreten einer Zone gewarnt wird, die vom Main über den Vogelsberg bis nach Fulda reicht.« Alle Blicke fallen jetzt auf Reiner, der sich in Strahlenbiologie auskennt.

»Ihr wißt, wie lang die Halbwertszeit von Plutonium ist«, sagt er. »In dieser Gegend hier wird in den nächsten hundert Jahren nichts Gesundes mehr wachsen.«

22. Dezember

Jennifer mobilisiert ihre letzten Energien, um Carla aus dem Koma zu holen. Reiner ist verstört und schreibt pausenlos auf seiner Schreibmaschine.
Nach Boris' ›Trichterzeichnung‹ müßte die Plutoniumverseuchung 30 Kilometer in westlicher Richtung zu Ende sein. Wir müssen auf jeden Fall bis zur Schneeschmelze warten. Dann werden sich die Werte vermutlich noch einmal um die Hälfte reduzieren.
Carla hat heute Nahrung zu sich genommen.
Boris versucht, seinen Computer auf Go zu programmieren. Das Programm selbst ist keine Schwierigkeit für ihn, aber schon bei den ersten Spielzügen ist die Speicherkapazität überschritten. Boris installiert einen Zusatzspeicher. Der Computer macht jetzt völlig unsinnige Spielzüge und verweigert schließlich die Zugentscheidung.
Ich versuche, Boris zu erklären, daß die Perfektionierung dieses Spiels im absoluten Nichts endet. Er schweigt verbissen.

25. Dezember

Boris leidet unter der Leere, die er zwischen Jennifer und sich selbst empfindet. Carla malt jetzt Katzenbilder, und Jennifer meint, dies könnte der erste Schritt aus der Regression sein. Boris sitzt die ganze Helligkeitsperiode hindurch an seinem Terminal. Nachts kriecht er zu mir und Joel unter die Decke, stumm.
Eine plötzliche Wärmeperiode hat den Schnee jetzt schon schmelzen lassen. Die Werte sind gefallen.

28. Dezember

Mitten in der Nachtperiode weckt uns ein Krachen. Boris ist sofort auf den Beinen. Als die Deckenbeleuchtung aufflackert, steht Carla mitten im Raum und schlägt mit einer Eisenstange auf den Computer ein.

Boris hält sie fest. Sie fällt in sich zusammen.
Sie erkennt niemanden.

30. Dezember

Carla hat fast 48 Stunden geschlafen. Als sie aufwacht, hat sie zum erstenmal seit 2 Wochen einen klaren Blick.

31. Dezember

Wir haben beschlossen, das neue Jahr zu feiern. Wir beginnen mit einem fürstlichen Mahl. Joel schenkt Carla eines ihrer zwei seidenen Unterhemden, Reiner widmet ihr ein langes unverständliches Gedicht. Hunderte davon hat er inzwischen auf seiner Schreibmaschine geschrieben. Um zwölf sitzen wir alle in einem Container, den wir mit warmem Wasser gefüllt haben. Wir sind betrunken. Boris redet wirres Zeug, so wirr, daß wir über ihn lachen können. Er geht zum erstenmal seit langem mit Jennifer ins Rückzugszimmer, noch bevor die Dunkelkeitsphase zu Ende geht.

8. Januar

Boris und Jennifer haben den Computer gemeinsam repariert. Ich lasse mich in die Grundregeln des Programmierens einführen.
Seit gestern haben wir Funkkontakt zu einer Vereinsgruppe im Taunus. Sie haben ihre Schutzräume bereits verlassen, aber bei einem Ausflug wurde eine Frau durch umherziehende Flüchtlinge getötet. Sie sagen, daß aus der Rhein-Main-Ebene Mord und Totschlag kommt. Sobald sich die Situation beruhigt hat, werden wir zu ihnen gehen.
Das Bild von draußen ist nach wie vor undurchschaubar. Mehrere Radiostationen behaupten, im Namen der Notstandsregierung zu senden. Sie widersprechen sich gegenseitig.

Aus dem Grundsatzprogramm der ›Organisation Phoenix‹

. . . laut ihren Grundprinzipien muß die Organisation die Fähigkeit haben, innere Machtkontrolle auszuüben, die Dezentralisierung zu bewahren und sie gegen zivilisatorische Rekonstruktion immun zu halten. Zur Erreichung ihrer Ziele – Erstellung einer Kleingruppenstruktur als Basis einer bioevolutionären Gesellschaft – benötigt sie jedoch stark zentralisierte Organisationsformen.
Es wird deshalb angeregt, folgende Zielbestimmungen in der Organisationsarbeit zu verankern:

1. Das Training durchlaufende Personen der Kategorie A sollen befähigt werden, selbststeuernde und autonome Produktionseinheiten zu bilden. Jeder Eingriff in ihre Siedlungsplanung, Produktionsweise, Gruppenstruktur u. a. ist zu unterlassen, auch wenn sich eine Gruppe als Fehlläufer erweisen sollte.

2. Die Versorgungsleistungen nach der Stunde Null sind strikt an subsidiäre Tauschmittel gebunden. Alles, was zur Entstehung von Geldwirtschaft beiträgt, ist zu unterlassen.

3. Jede technologische Produktion muß auf folgende Kriterien überprüft werden:
a) Ist die Produktion für einen größeren Personenkreis unmittelbar überlebensnotwendig?
b) Ist die Produktion mit Biorecyclingkreisläufen der totalen Stufe durchführbar? Falls dies nicht der Fall ist, darf eine solche Produktion nur bei Großseuchen oder der Gefahr dauerhafter Strahlenschäden in Angriff genommen werden.
c) Ist die Produktion auf Personengruppen in Stammesgröße dezentralisierbar?

3. Die Kooperation mit überdauernden politischen und militärischen Instanzen ist nur in äußersten Notfällen zulässig.

4. Der große Rat der Organisation hat das Recht, Verstöße gegen diese Prinzipien bis zur Eliminierung ahnden zu lassen.

Phase V

DEUTSCHER FRÜHLING

Zeichn. Erna de Vries

21. März 1990

»Das erstemal dürfen wir auf keinen Fall bei Sonnenlicht rausgehen«, sagt Carla, »unsere Augen halten inzwischen kein Tageslicht mehr aus. Sie verlernen ziemlich schnell.«

Wir haben bis heute gewartet, ein trüber Tag ohne Regen, fast windstill. Immer noch 1,5 rem. Bestrahlt werden wir auch in den Anzügen, aber das ist harmlos. Gefährlich ist nur Hautkontakt oder Staub einatmen.

Die Akkustik in unseren Polyester-Schutzanzügen ähnelt der in einer Badewanne, wenn man den Kopf unter Wasser hat. Man hört unentwegt den eigenen Atem. Durch die Außenlautsprecher und Mikrophone kommt jeder Laut völlig verzerrt an. Und kleinere Geräusche hört man überhaupt nicht. Wie in Watte gepackt.

Als ich die äußere Schleusentür öffne, überfällt mich die Helligkeit, obwohl ich vorsorglich die Augen zusammenkneife. Bohrender Kopfschmerz hinter den Augenhöhlen, der ganze Schädel unter Druck. Ich stehe auf der Plattform, bin unfähig, mich zu bewegen, und erkenne nur mühsam die Silhouetten der Bäume. Wie in einem überbelichteten Film. Es dauert eine Viertelstunde, bis das Bild so deutlich wird, daß ich mich orientieren kann. Nichts Auffälliges zu erkennen. Eine morsche Eiche am Rand der Plattform hat es gefällt. Könnte auch Schneebruch gewesen sein. Die Wolkendecke ist verdammt weit oben. Ich bin froh, als ich wieder in der Höhle bin.

25. März

Der Bus müßte noch in Ordnung sein, wir hatten ihn Ende Oktober in eine kleine Höhle nicht weit vom Stolleneingang gestellt und mit Erde und Sand zugeschüttet.

Boris und Jennifer beschließen zu bleiben, weil wir nicht alle sechs den Bus benützen können. Schließlich müssen

wir Lebensmittel und Treibstoff mitnehmen. Wenn wir ein Stück Land gefunden haben – vielleicht bei unseren Vereinsfreunden im Taunus –, wo wir mit unserem sorgfältig gehüteten Samenvorrat etwas anfangen können, werden wir die beiden holen.
Wir arbeiten den halben Tag in Schutzanzügen, um den Bus freizuschaufeln. Er springt an. Bis zum Abend verladen wir Kanister und Lebensmittel. Die letzte gemeinsame Nacht.

26. März

Wir müssen aussehen wie Marsmenschen in einem klapprigen Gefährt. Boris und Jennifer stehen oben in der Schleusentür und winken. Zwei Gestalten in ihren Schutzanzügen, die immer kleiner werden und schließlich im Wald verschwinden.
Der Bus holpert über totes Geäst. Die jungen Buchen oberhalb der Straße entwickeln dunkelgrüne, viel zu große Blätter an den Stämmen, die Blattspitzen hängen braun aus den Knospen. Die Wiesen sind gelb vom Löwenzahn, aber das grün der Gräser fehlt, und der Löwenzahn hat faustgroße, halbwelke Blüten, deren Farbe in rostrot übergeht. Eine Rankenart im Wald hat sich vergrößert und schickt armdicke Ausläufer auf die Straße, die hohl zerplatzen, als die Vollgummireifen des Busses sie überrollen.
Der Jungfichtenwald unterhalb der Straße ist tot, der Bach mit einer rostroten Brühe verschlämmt. Ein grauer Nebel liegt über dem Tal, obwohl der Himmel nur leicht bewölkt und klar ist. Auf der Straße stoppt Reiner den Bus und stellt den Motor aus. Die Außenmikrophone übertragen ein Brummen mit einem hellen Unterton. Über dem Bach bewegt sich der Nebel. Er hat die Form von grauen Säulen, wie Rauchwolken oder kleine Windhosen.
»Fliegen«, sagt Reiner. »Hier lebt kein Vogel mehr. Sie können sich unbegrenzt vermehren.«

Nach zweihundert Metern liegt auf der Straße ein Baumstamm quer. Wir schwitzen in den Anzügen, als wir ihn beiseite zerren, ganz vorsichtig, damit kein Ast den Polyesterstoff aufreißt. In den nächsten 24 Stunden müssen wir aus den Anzügen raus. Wir haben zwar noch Reservesauerstoff, aber die Scheiße- und Pissebehälter fassen nicht allzuviel. Ich habe jetzt schon knurrenden Hunger und nuckele ständig am Strohhalm des pappigen Nährbreis.
Kein Lebenszeichen im Dorf. Auf der Straße Hundekadaver, die jetzt, da die Frostzeit vorbei ist, in Verwesung übergehen. An der Ecke der alten Fachwerkkirche, deren Dach eingebrochen, deren Turm aber unbeschädigt ist, liegt eine Leiche im orangenen Anzug. Die dunkel verwesten Augenhöhlen starren in den Himmel.
Weiter unterhalb des Dorfes ist die Landstraße durch gestürzte Alleebäume unpassierbar. Wir weichen auf die morastige Wiese aus, bleiben fast stecken, schaffen es aber dann doch, die Straße wieder zu erreichen. Einige Autowracks mit schon trockenen Leichen stehen am Straßenrand.
Ich sehe, wie Joel hinter der Glasscheibe ihres Anzuges der Schweiß auf der Stirn liegt. Wie lange hält die Konditionierung?
Bis zum Abend zerren wir Bäume von der Fahrbahn. Wir haben Glück, und auf der Karte suchen wir uns Straßen, die nicht durch den Wald führen.
Um halb sechs sind wir auf der Bundesstraße. Autowracks und Kadaver nehmen zu.
Kurz vor einem größeren Dorf, das wir auf Feldwegen umfahren, läuft ein Igel über die Piste. Der kleine Handgeigerzähler tickt jetzt langsamer.
Einen Kilometer weiter kann Reiner den Bus gerade noch zum Stehen bringen. Vor uns ein gähnendes Loch in der Asphaltdecke. Es sieht aus, als sei es hineingesprengt.
Mühsam holpert der Bus über die Wiese, die hier halbwegs normal aussieht. Auf der anderen Seite des Lochs ein Schild am Straßenrand.

ACHTUNG!
RADIONUKLEIDBELASTUNGSZONE!
NICHT OHNE AUSRÜSTUNG
FÜR SCHUTZKATEGORIE A BETRETEN!

Um acht Uhr erreichen wir die ersten Häuser von Nidda. Es ist inzwischen dunkel geworden. Wir parken den Bus in der Nähe eines Hauses, dessen Fensterscheiben zersplittert sind. Dann öffnen wir den Container mit den Schlafsäcken und ziehen die Anzüge aus. Wir werden sie vergraben müssen.

Das Haus ist geplündert, aber die Teppichböden sind wunderbar weich. Wir sind zu müde, um noch Konserven aufzuwärmen. Kaum bin ich in den Schlafsack gekrochen, schlafe ich ein. Das letzte, was ich sehe, sind flackernde Lagerfeuer in dem dunklen Städtchen.

27. März

Von einem metallischen Geräusch wache ich auf. Ich wecke Reiner. Wir nehmen die Knarren, die wir griffbereit neben die Schlafsäcke gelegt haben.

Ein Mann kramt in unserem Bus herum. Er bemerkt uns erst, als er den Lauf unserer Waffen vor der Nase hat.

»Oh«, sagt er, »ich suche etwas. Immer verliere ich alles.« Er ist klein und dick. Seine Hautfarbe ist wie Asche, kleine Narben verraten einen überstandenen leichten Strahlenschaden. Sieht aus wie ein Normalo, der sich drei Jahre lang nicht rasiert und gewaschen hat. Er stinkt.

»Hier ist es«, sagt er und hält uns mit einem blöden Grinsen einen Schraubenschlüssel entgegen, den er in der Werkzeugkiste gefunden hat.

»Es ist wirklich schlimm, wenn man so vergeßlich ist.«

Die Knarren scheinen ihm nicht zu imponieren.

»Wo lebst du?«, fragt Reiner.

»In der Bürgermeistervilla«, sagt er und zeigt in Richtung Stadt. »Ich bin der Bürgermeister und habe ein Schwimmbad. Wollt ihr baden?«

»Nein danke. Wie viele Leute sind in der Stadt?«
»Weiß nicht. Vielleicht hundert. Die Hurensöhne gehorchen mir nicht. Nur der Pfarrer besucht mich. Und meine Frau. Sie hat ein weißes Kleid an und kocht mir Erbseneintopf.«
»Was machen die Leute?«
»Sie schleichen herum. Ich geb euch tausend Mark für einen Kanister Benzin. Ich hab nen Mercedes, aber der Saft ist weg.«
»Wo kriegst du dein Essen her?«
Wortlos zeigt er auf einen Flachbau hinter den Bahngleisen, die unten am Hügel verlaufen. Ein Supermarkt. »Da unten kann man satt werden. Wenn man sich mit der Alten gut versteht. Sie war mal meine Putzfrau, und dann hat sie an der Kasse geklingelt. Jetzt ist sie wie eine Hexe.«
»Eine Hexe?«
»Ja. Sie hext auf jeden, der einkaufen geht. Sie hat einen Generator und Sprit. Wenn sie wüßte, daß hier oben eine Tankstelle steht« – er deutet auf unsere Kanister – »würde sie euch auch drankriegen. Sie hat schon vier oder fünf zum Dummfiedel gemacht.«
»Umgebracht?«
»Nein. Die haben alle gelallt, als sie zurückkamen. Bei mir hat sie's auch versucht. Mit Putenschenkeln.«
»WAS?«
»Ja, Putenschenkel. Ich hab ihr den letzten Rest Sprit gegeben für zwei Putenschenkel, schon halb vergammelt. Ich hab sie trotzdem gegessen und weiß dann nicht mehr . . . Ich muß jetzt gehen, meine Frau kommt. Sie kommt immer morgens zum Frühstück und manchmal in der Nacht. Danke für den Schraubenschlüssel.«
Der Mann schlurft davon.
»Ich will wissen, was das für eine Alte ist«, sagt Reiner. »Nach dem Frühstück gehen wir hin. Außerdem hasse ich Pappbrei, und die Konserven hängen mir zum Hals raus. So, wie ich ihn verstanden habe, gibt es dort funktionierende Tiefkühltruhen. Ich würde einiges ge-

ben für Gemüse. Oder Fisch. Selbst, wenn das Zeug uralt ist.«

Ein Parkplatz, groß wie ein Fußballfeld. Ein Dutzend verlorene Autowracks kauern auf rostigen Felgen. Die Firmenfahnen schlappen träge im Wind, sie beginnen auszufransen.
An der Frontseite des Supermarktes, dessen Scheiben allesamt heil sind, verkünden Tafeln in schreienden Farben Sonderangebote. Wie ein gestrandeter Fisch ist das Firmenzeichen heruntergebrochen. Es hängt schief über den Eingangstüren, bereit, jeden zu zerquetschen, der hineingeht.
Entfernt hört man das Brummen eines Generators. Eine Schlange von Einkaufswagen ist säuberlich vor der Fassade aufgefädelt. Als wir die Gummiplatten vor der Eingangstür betreten, fahren die Schiebetüren mit leichtem Zischen auseinander. Saurer, modriger Geruch quillt uns entgegen. Es ist dunkel.
Aus Lautsprechern dudelt ein Hammondorgelstück. James Last, soweit ich mich erinnern kann. Seine Version von »I can get no satisfaction«.
Volle Regale im Strahl einer Taschenlampe. Ein zehn Meter langes Gestell mit Ketchup und Senf. Dazwischen auch leere Stellen, dann Cornflakes. Eingemachter Spargel. Karotten in Gläsern. Uns knurrt der Magen. Trotzdem halten wir die Knarren griffbereit. Warum wurde diese Freßhöhle nicht geplündert?
Plötzlich flammt das Neonlicht an der Decke auf. Im Lautsprecher kracht und knistert es.
Wir haben ein Licht entzündet in der Finsternis, flüstert es heiser, *der Tod ist vertrieben aus den Herzen. Über allen Wipfeln ist Ruh über den Wolken muß die Freiheit grenzenlos sein wählen sie im Reichtum der Freude die über uns gekommen ist alle Detektive bitte ins Büro B ich wiederhole alle Detektive zum Ausgang B es gibt zu tun.*
Knacken, dann wieder James Last, »Strangers in the night«.

Bitte gehen Sie zu Kasse 11, Kasse 11 bitte!
Wir beraten kurz und beschließen dann, das Spiel mitzuspielen. Wir nehmen einen Einkaufskorb und laden ihn voll. Zwei große Tiefkühltruhen sind in Betrieb. Wir entscheiden uns für 10 Pakete Dorschfilet, Krabben, deren Verfallsdatum seit einem Jahr überschritten ist (sehen aber noch gut aus) und Brokkoli. In der Spirituosenabteilung finden wir nur eine Zwei-Liter-Flasche Rotwein und einige Flaschen schlechten Schnaps. Und Orangensaft. Unsere Schritte hallen. Im Lautsprecher kratzt die Musik. In der langen Reihe der Kassen ist die Nummer 11 durch ein würfelförmiges gelbes Licht beleuchtet. Dort sitzt eine rotgesichtige Frau im weißen Kittel, grellweiße Haare mit Lockenwicklern. Sie lächelt gläsern. Wir grüßen höflich.
»Ihr kommt gerade zurecht, wir machen gleich zu«, sagt sie und tippt Beträge in die Kasse, ohne hinzusehen. »Und ihr habt Glück gehabt: Heute ist alles umsonst.«
Mit einem Klingeln springt die Kasse auf. Sie ist vollgestopft mit Geldscheinen. »Paßt sowieso nichts mehr rein. Wollt ihr was davon?« Wir lehnen höflich ab. Sie seufzt. »Man benutzt es ja doch nur zum Feuermachen. Na gut, jetzt kommt, laßt uns gemütlich zusammensitzen.«
Die Versuchung ist groß, jetzt einfach abzuhauen, aber die Neugierde ist stärker.
»Ich habe in der Direktion alles vorbereitet.«
Wir gehen durch die Getränkeabteilung, wo Scherbenhaufen und klebrige, stinkende Brühe den Boden bedecken, dann einige Treppen hoch. In einem Raum, dessen getönte Fenster auf den Parkplatz hinausgehen, ist eine Tafel gedeckt. Der Raum steht voller Plunder: Sofas, Küchenmaschinen, Kartons, Kommoden.
»Die Damen hier, die Herren auf der anderen Seite.«
In einer Ecke dampft ein Wasserkessel auf einem Elektroherd. »Ihr werdet es gut bei mir haben«, sagt die Alte. Ihr abwesender Blick schweift über den Parkplatz. »Nach all den bösen Tagen werdet ihr es wieder guthaben. Und jung seid ihr, so jung . . .« Sie streicht Joel über

die Haare. »Was habt ihr alles durchmachen müssen, meine Kinder. Aber ihr seid hindurchgegangen und heimgekehrt.«
Sie fragt uns nicht nach unseren Namen, woher wir kommen, nichts.
»Sind Sie hier ganz allein?«, fragt Carla.
»Allein? Aber nicht doch. Viele Kinder kommen zu mir. Manche sind ungezogen, anders als ihr. Manche wollen mir den Laden durcheinanderbringen. Aber Mama läßt das nicht zu. Kinder mit nem Willen kriegen eins auf die Brillen.«
»Aber was ist, wenn ganz viele Kinder kommen und ungezogen sind?«, hake ich nach.
»Das laßt nur meine Sorge sein. Der Kuchen ist gleich fertig. Er wird euch schmecken.«
Aus dem Backofen des Herdes holt sie eine Backform und stürzt sie auf den Tisch. Wieder streicht sie Joel übers Haar. Sie zündet Kerzen an, die auf dem Tisch stehen, läßt die Jalousie herunter und macht das Licht aus. Verlegene Stille. »Ich weiß, ihr seid gute Kinder«, plappert sie, »nicht so wie die mit den weißen Anzügen.«
»Wen meinen Sie?«
»Letzte Woche sind sie dagewesen. Drei. Sie haben gesagt, sie wollen den Strom reparieren. Dann haben sie nichts bezahlt und wollten nicht Kaffee trinken. Hier!«, sie krempelt den Ärmel ihrer Bluse hoch. Ein blutdurchtränkter Verband. »So lasse ich mich nicht behandeln.«
Als sie den Kaffee filtert, tritt mir Reiner ans Bein. Ich sehe, wie sie aus einem Glas eine helle Flüssigkeit in die Kanne schüttet.
»Wir haben es mit dem Magen zu tun«, sagt Reiner schnell, »Gastritis, alle. Die viele Aufregung. Wir dürfen leider keinen Kaffee trinken.«
Erstaunlicherweise geht sie darauf ein.
»Aber Tee ist gut für den Magen.«
»Danke, aber wir trinken lieber etwas von unserem Orangensaft«, antworte ich und ziehe die Flasche aus unserer Tüte. Wortlos sitzen wir da, während sie von

»bösen« und »guten« Kunden erzählt, von den vielen »Kindern«, die bei ihr schon Kaffee getrunken haben. Wir mampfen Kuchen. Wir werden müde.

Mein linker Zeigefinger ein Nadelkissen, zwanzig Kilometer weit entfernt bohrt und sticht ein Etwas drin herum. Ich versuche, ihn zu mir heraufzuziehen, aber er ist wie Gummi. Ein Arzt wird ärgerlich und schnallt mein Handgelenk an einer Hobelbank fest.
Die Luft hat Riffeln. Meine Zunge ein pelziges Wesen mit Stacheln bis hinunter in den Magen. Ich versuche, die Augenlider auseinanderzustemmen. Als mir das gelingt, sehe ich Sonnenstrahlen durch Jalousien. Mit Bleigewichten kämpfend richte ich mich auf. In der Ecke liegt Reiner und schmatzt im Schlaf. Die Tischdecke ist heruntergerissen. Kuchenkrümel und Tassen, Zigarettenkippen auf dem Teppichboden. Ich hänge über der Lehne des Sofas. Halb unter dem Tisch liegt Carla, steif. Ich taste mich zum Fenster und ziehe Rolläden hoch. Stechender Schmerz am Hinterkopf. Draußen der leere Parkplatz mit den einsamen Wracks. Das Zimmer sieht aus, als hätte ein Kampf stattgefunden.
Joel ist weg!
Mühsam versuche ich, meine Muskeln zu kontrollieren. Aus dem Hahn über einem Waschbecken kommt kein Wasser. Ich rüttle an Carla und Reiner. Reiner ist ziemlich schnell auf den Beinen, während Carla nur stöhnt.
»Joel ist weg!«
»Ich seh's. Wer hämmert in meinem Kopf?«
»Diese gottverdammte Alte. Ich dachte, sie hätte aufgegeben, als der Trick mit dem Kaffee nicht klappte.«
Wir gehen den Gang herunter und durchsuchen jeden Raum. Ein Lebensmittellager. Delikatessen. Ein Büroraum mit geordneten Papieren, volle Aktenordner in Reih und Glied und sauber aufgeräumte Schreibtische, so, als käme gleich eine Betriebsinspektion.
Vom Ende des Flures leiser Gesang. Ein Kinderlied. Die Stimme der Alten.

Ein Raum voller Spielzeug. Ein Laufställchen. Hunderte von Teddybären. Da ist die Alte. Joel liegt nackt auf einem Tisch, sie ist ohne Bewußtsein. Die Alte reibt ihr mit roten, dicken Fingern den Hintern mit einer Creme ein . . .

29. März

Die Nacht haben wir in einem nahen Wäldchen zugebracht, nachdem wir die Alte fast erschießen mußten. Sie wehrte sich mit Händen und Füßen, als wir Joel eine Weckamin-Spritze aus der Busapotheke gaben. Gott sei Dank hatten wir vorher die Knarre der Alten im Schrank dieses merkwürdigen Kaffeezimmers entdeckt, so daß sie nur noch heulen konnte.
Joel scheint nur geringfügig traumatisiert. Ihr Unterbewußtsein hat aber doch etwas behalten. »Ich hatte einen gnadenlosen Kinderalptraum«, sagt sie, »von einer Klinik, in der ich mit zwölf Jahren operiert wurde. Etwas ging bei der Operation schief. Meine Eltern tuschelten dauernd mit dem Arzt, ich war auf einem Bett festgeschnallt und konnte mich nicht bewegen.«
Wir haben ein kleines Feuer neben dem Bus gemacht und schlingen den Fisch und das Konservengemüse in uns hinein. Joel trinkt ziemlich viel von dem Schnaps. Sie reibt sich die roten Stellen an den Gelenken, wo die Alte sie mit Lederriemen gefesselt hat.
Kurz nach Mitternacht kommt ein Sturm auf, dann beginnt es zu schütten. Wir verziehen uns in den Bus. Gegen Morgen schreit Joel im Schlaf, schreckt hoch, weiß nicht, wo sie ist. Wir versuchen, sie zu beruhigen, so gut es geht, und streicheln sie, bis die Angst vorbei ist.
Jetzt auf der B 49 Richtung Friedberg. Die Dörfer sehen aus, als sei nichts geschehen. Es gibt streunende Hunde und viele tote Kühe. Sie starben an geplatzten Eutern. Niemand da, der sie melken konnte. Ihre Kadaver liegen auf den Feldern herum, einige sind schon Gerippe.

Die wenigen Menschen, die wir sehen, verstecken sich, sobald sie den Bus durch den Ort fahren hören. Die Geschäfte sind leer, die Scheiben zerschlagen. Die Felder spärlich grün. Vielmehr: Es gibt keine Felder mehr, nur noch ein Meer von Wiese. Nur am Rand einiger kleinerer Orte erste Anzeichen von Gärten. Es ist wahrscheinlich, daß aus den dabeiliegenden Häusern geschossen wird, sobald man sich nähert.
Bis auf ein paar Wracks und Kadaver ist die Straße frei. Ein Auto, das uns entgegenkommt, biegt auf einen Feldweg ab, bevor wir es erreichen.
»Wir müssen jetzt höllisch aufpassen«, meint Carla. »Sobald jemand merkt, daß wir Kanister im Auto haben, sind wir dran.« »Und Lebensmittel«, fügt Joel hinzu.
»Glaube ich weniger. Jetzt noch nicht, jedenfalls nicht, solange wir nicht gerade Alkohol oder Frischgemüse herumkutschieren. Du hast ja gesehen, wie voll die Supermärkte noch sind.«
»Das war mit Sicherheit eine Ausnahme. Oder meinst du, daß überall Kassiererinnen auf ›Kinderchen‹ warten?«
»Tolle Vorstellung!«
»In Nidda gabs noch ungefähr hundert Leute. Zusammen mit den anderen Geschäften kann die Alte noch mindestens ein Jahr lang die Versorgung gewährleisten.«
»Diese Art von ›Versorgung‹ werden die sich aber nicht lange gefallen lassen.«
»Solange noch was in anderen Läden ist, wird die Alte in Ruhe gelassen.«
»Und dann?«
»Wird sie umgelegt. Oder verbrannt, als Hexe. Sie scheint irgendwelche Drogenvorräte zu haben.«
»Also, was ist jetzt, fahren wir Autobahn oder nicht?«
Wir nehmen die Autobahn, obwohl nicht klar ist, ob das gefährlicher ist, als durch Dörfer zu fahren. Das breite Asphaltband zieht sich wie ein ausgetrockneter Fluß durch die Landschaft. Auch hier die Autowracks, die aber zur Seite geräumt sind. Bei der übernächsten

Ausfahrt müssen wir sowieso runter und Landstraße fahren, sonst streifen wir wieder die verseuchte Zone.
Ein Lkw kommt uns auf der Gegenspur entgegen.
Zwei Kilometer weiter brennt ein Stück Autobahn. Ein kleiner Tanklaster ist auf die Seite gekippt, ausgelaufener Sprit fackelt fast über die ganze Breite der Fahrspur.
»Da kommen wir mit Vollgas durch«, sagt Reiner. »Wir müssen, das ist bestimmt eine Falle.«
Carla versucht noch, ihm ins Steuer zu greifen und auf die Bremse zu treten. »Mach keinen Scheiß«, brüllt sie, aber dann ist es zu spät. Der Bus bricht hinten aus, schleudert auf der brennenden Schicht. Wir fliegen nach vorne, dann ist die Fahrt im Straßengraben zu Ende.
Reiner steigt aus, die Knarre in der Hand. »Wenn du mir nicht ins Steuer gegriffen hättest, wären wir durchgekommen«, knurrt er von draußen.
»Sei lieber froh, daß niemand verletzt ist.«
Dann springt Reiner zurück in den Wagen. Er zerrt den Feuerlöscher unter dem Fahrersitz hervor.
»Der linke Hinterreifen brennt!«
Wir löschen. Der Reifen ist nur noch ein verschmorter Klumpen, aber das Feuer hat nicht auf den Tank übergegriffen. »Haltet den Tanklastwagen im Auge«, sagt Reiner, »ich schau mal nach, ob die Achse etwas abgekriegt hat.«
An der Unfallstelle, die jetzt etwa 50 Meter hinter uns liegt, rührt sich nichts. Wir nähern uns vorsichtig. Über dem Steuerrad hängt ein toter Normalo.
»Warum haben wir nicht an 'nen Reservereifen gedacht, verdammte Scheiße! An den meisten Wracks sind die Reifen noch dran. Hier auf der Autobahn natürlich nicht.«
»Ich hab gedacht, wenn der Bus kaputt geht, dann ist es sowieso was Schlimmeres als'n Reifen.«
»Wenn du mit dieser Logik an der Höhle gebastelt hättest, wären wir jetzt verstrahlte Kadaver.«
»Das war kein Unfall, sondern ein Überfall«, meint Carla, nachdem wir um das Wrack herumgegangen sind.

»Die Löcher da, das sind Einschüsse. Und wenn der ganze Tankinhalt ausgelaufen wäre, hätte es ein viel größeres Feuerchen gegeben. Der Rest ist geklaut.«
»Kümmern wir uns lieber um die Reparatur. Wir müssen hier weg. Sobald noch mehr Fahrzeuge kommen, gibt es Auflauf.«
Als wir wieder beim Bus sind, kriecht Reiner gerade darunter hervor.
»Es ist nichts, nur der Reifen.«
»Es ist besser, wir gehen zu viert nach dem Ersatzreifen suchen.«
»Und der Bus?«
»So schnell kommt keiner auf die Idee, daß so was noch fahren könnte.«
Nach einer halben Stunde Fußmarsch ein Dorf. Am Dorfrand erwarten uns zwei bewaffnete Normalos.
»Was wollt ihr!«, brüllt einer von ihnen im Kasernenstil.
»Wir suchen 'nen Reifen.«
»Was habt ihr anzubieten?«
»Reichen euch ein paar Konserven?«
»Haben wir selbst für die nächsten fünf Jahre.«
»Laß nur«, sagt Joel leise zu mir, »wir gehen in ein anderes Dorf oder finden ein Wrack an 'ner Landstraße.«
»Mach keine Witze. Erstens lassen die uns nicht weg, und du kannst sicher sein, in der Nähe der Autobahn gibts mehrere solcher Typen. Laß uns 'n Angebot machen.«
»Zehn Liter Diesel.«
»Zwanzig.«
»Na gut, fünfzehn. Wir treffen uns in einer dreiviertel Stunde in der Mitte zwischen hier und der Autobahn.«
Wider Erwarten versuchen die Normalos keine Tricks, so daß wir das Tauschgeschäft über die Bühne kriegen. Nachdem der eine mißtrauisch an unserem Kanister gerochen hat, frage ich ihn, wie es in der Gegend aussieht.
»Alles anständige Leute«, sagt er. »Sehr anständig. So verpunkt, wie ihr ausseht, würd' ich euch raten, weiterzufahren.«

Wir sind müde, der Kuchen der Alten liegt uns noch in den Knochen, und so pennen wir im Bus. Nachts fährt eine Kolonne Laster an uns vorbei, ohne anzuhalten.

30. März

Mir gefällt das schon von weitem nicht, aber Reiner will nicht wenden. Eine Sperre von Wracks quer über alle Fahrspuren. Als der Bus zum Stehen kommt, bemerken wir hinter uns die drei Laster, die wir im Vorbeifahren auf einem Parkplatz sahen.
Drei Normalos nähern sich aus den quergestellten Wracks. Sie halten die Knarren unmißverständlich hoch. Der Obermacker ist ein massiver Fünfziger mit verspiegelter Sonnenbrille und breitem Grinsen um den einen Mundwinkel, in dem andern hängt eine kalte Zigarre. Die anderen beiden sind von der Angestelltensorte. Weißliches Fleisch und Pickel. Alle drei stecken oben in einer Art Jägerwams, unten in Leder bis zu den Stiefeln. Soll wohl eine Uniform sein.
Bevor wir unsere Chance ausrechnen können, kommen noch vier von derselben Sorte mit einem der Lastwagen von hinten. »'n paar Hippiepunks«, sagt der Obermacker zu den anderen und schiebt ein Magazin in seinen Revolver. »Sind ganz gut beieinander.«
»Raus und die Waffen her«, schnarrt einer der Angestellten. Wir gehorchen mit zusammengebissenen Zähnen. Zwei der Dazugekommenen räumen den Bus aus, werfen alles auf die Straße, machen die Kisten auf, schmeißen die Konserven auf den Mittelstreifen.
»Und was soll das?«, frage ich, wobei mir leicht die Stimme schlottert.
»Das werdet ihr noch früh genug merken. Wenns euch nicht paßt, könnt ihr euch ja bei den Bullen beschweren. Oder bei den Amis. Oder den Russen.« Gegröle.
»Nehmt die Schrottkarre an den Haken«, sagt der Macker, »unsere neuen Arbeitnehmer kommen in den Laster.«

Wortlos stoßen uns zwei Ledermänner die Knarre in den Rücken und treiben uns zu den Lastwagen.
»Na los, soll'n wir noch nachhelfen.«
Wir klettern auf die Ladefläche. Ein Kastenlaster, an der Seite nur zwei Schlitze, so was wie ein Viehtransporter. Es riecht nach menschlichem Schweiß.
Polternd geht die Klappe zu, und kurz darauf ruckt der Wagen an. Durch die Schlitze können wir noch sehen, wie unser Bus an den Haken eines rostigen ADAC-Abschleppwagens gehängt wird. Dann holpern wir ein Stück übers Feld, bis wir die nächste Landstraße erreichen.
Die Fahrt dauert keine zehn Minuten. Wir passieren ein Tor, an dem zwei Lederlinge Wache halten. Sie grüßen militärisch. Im Hof eines größeren Gehöftes kommt der Laster zum Stehen.
»Vier Neue«, brüllt draußen eine Stimme. »Von der gehobenen Sorte. Laß sie am besten nicht mit den Verrecklingen zusammen, sie sehen nach Abitur aus.«
»Wir hatten doch gesagt, daß wir solche nicht nehmen«, antwortet eine andere Stimme.
»Befehl vom Chef. Wenn sie nicht zu Verrecklingen werden und einigermaßen willig sind, können sie vielleicht ein bißchen kompliziertere Hausaufgaben erledigen.« Die Klappe geht auf, und erneut zeigen uns Knarrenläufe den Weg. Ein moderner Aussiedlerhof. An einer Scheune steht groß, in alten Buchstaben:

DAS ZEITALTER DER ORDNUNG
BRINGT DEN MENSCHEN ZUM ZIEL

Die Felder sind bebaut, zumindest zeigt sich darauf geordnetes junges Grün. Eine Ziegenherde weidet in einem Gatter. Man führt uns zu einem Nebenbau mit vergitterten Fenstern. Am Eingang zwei Frauen in derselben Kleidung wie die Männer. Drinnen je zwei Pritschen in zwei gegenüberliegenden Räumen.
»Die Frauen links, die Männer rechts!«
Mein Herz klopft wie wild. Ich will diesen Schweinen...
»Zieh dich aus!«

Man gibt mir und Reiner graue Hosen und ein graues Hemd. Grobe Militärware. Die Typen gehen. Die schwere Eisentür wird von außen zugeschlossen. Draußen gackern Hühner.

31. März

Morgens gebrüllte Kommandos auf dem Hof. Trompetensignale. Durch die Gitter sehe ich Lederlinge auf dem Innenhof. Die vordere Reihe Männer, die hintere Frauen. Davor der Obermacker von gestern an einer Art Pult, rechts und links neben ihm zwei Männer und zwei Frauen in enganliegenden Overalls. Sie haben eine Art Federhaube auf dem Kopf.

»Dies ist der hundertsechsundzwanzigste Tag des Herrn«, schnarrt der Macker. »Das neue Zeitalter nannte bislang zweiundsechzig Streiter sein eigen. Mit dem heutigen Tag sind es sechsundsechzig, eine magische Zahl. Männer und Frauen in vorderster Front gegen das Chaos: IHR SEID AUSERKOREN, DIE PYRAMIDE WIEDER HERZUSTELLEN, AUF DER DIE WELT RUHT.«

»So sei es«, murmeln die Lederlinge.

»Je mehr die alte Welt zerbricht«, fährt die Stimme fort. »Je mehr das Chaos hervorbricht, desto größer ist unsere Ehre. Laßt sie auch unseren Aspiranten zukommen. Nehmt sie auf in den Kreis der Ordnung. Laßt sie nicht hängen im Sumpf der Verwirrung. Aus einem Wurm wird eine Schnecke, aus der Schnecke eine Schlange, die Schlange häutet sich zum Menschen. Das ist das Motto des heutigen Tages.«

»Voran, voran, voran!«, brüllt der Chor.

Die Formation löst sich auf. Vier Bewaffnete kommen im Laufschritt auf unser Gefängnis zugelaufen. Die Schlüssel klappern im Schloß.

»Mitkommen!«

Man führt uns in einen Raum des Hauptgebäudes. Der Oberlederling sitzt hinter einem Eichenschreibtisch.

Hinter ihm eine Karte mit bunten Nadelköpfen. Der Raum ist mit altdeutschen Leder- und Holzmöbeln eingerichtet. Ein grob gehobelter, langer Tisch mit geschnitzten Stühlen erinnert an einen Jägerverein. Geweihe und Landschaftsölschinken hängen an der Wand, aber auch ägyptische Papyrus-Malerei, Sklaven und Könige, Vogelkopfmenschen, Skarabäen.
Wir müssen uns in einer Reihe aufstellen. Als ich Joels Hand nehme, haut mir ein Wachposten den Gewehrkolben in den Rücken.
Der Widerling hinter dem Schreibtisch zündet seine Zigarre an.
»Ihr habt Glück, daß wir euch aufgegabelt haben. Irgendwann wärt ihr sicher ein paar amoklaufenden Amis in die Hände gefallen oder ein paar durchgedrehten Verrecklingen vor die Hackmesser gerannt.«
Pause.
Niemand sagt was. Schließlich sage ich:
»Sülzkopf.«
»Ähnliche Obszönitäten haben sich hier alle am Anfang geleistet. So schnell ist die Dekadenz nicht vergessen. Aber macht nichts. Ihr werdet euch noch freuen wie die anderen, dem Schlamassel entkommen zu sein. Einstweilen kommt ihr in die niedrigste Stufe. Schmidt!«
»Jawohl«, schnarrt einer der bewamsten Angestellten.
»Gib den Damen und Herren in den nächsten drei Tagen ’ne Penicillinkur. Sie sind gereist und stecken voller Keime, und schrubb sie ordentlich ab. Ich habe keine Lust, mir die Luft verpesten zu lassen.«
»Jawohl.«
»Und dann ab mit ihnen aufs Rübenfeld.«
Nach einer ätzenden Dusche und einem pappigen Brei treiben uns die Wachen aufs Feld. Schnurgerade Feldwege. Ackerfurchen wie mit dem Lineal. In der Ferne ein Stacheldrahtzaun.
Eine Gruppe von Gefangenen häufelt kleine Pflänzchen. Es sind dreißig, etwa zehn Bewacher sitzen gelangweilt auf Holzkisten und rauchen. Wir werden in die Reihe der

Arbeitenden geschickt. Hagere Männer und Frauen, alle in Grau gekleidet. Sie blicken nicht auf, als wir kommen. Die meisten von ihnen zeigen Anzeichen der Strahlenkrankheit – eitrige Pickel im Gesicht, dunkel umrandete Augen. Nur zwei oder drei Jüngere scheinen nichts abbekommen zu haben.

»Wie lange seid ihr schon hier?«, frage ich einen Dreißigjährigen, während ich eine Planze umhacke, ohne daß es jemand bemerkt.

»Weiß nicht.«

»Wo kommst du her?«

»Babylon.«

»Wo liegt das?«

»Irgendwo da«, sagt er, zeigt nach Süden. »Man hat sich geschlachtet.«

»Was hat man?«

»Geschlachtet. Immer drauf. Mit Messern. Da hat das Blut gespritzt.«

Er kichert.

»Wann war das, zum Teufel?«

»Als es geheult hat.«

»Du meinst, als die Sirenen losgegangen sind. Aber warum?«

»Jaja, Sirenen. Ist lange her. Bald werde ich Grüner.«

»Was wirst du?«

Wortlos zeigt er zu einer Gruppe, die in etwa hundert Meter Entfernung arbeitet. Etwa zehn Personen haben grüne Armeeklamotten an. Keine Wachen.

»Und was ist, wenn du Grüner bist?«

»Dann gibts gutes Essen. Und Musik. Und dann kann ich rot werden.«

»Und dann?«

»Dann bin ich Mensch.«

Gegen Nachmittag bricht eine ältere Frau zusammen. Die Wachen schlendern gelangweilt näher. Einer quakt in sein Funkgerät. Später kommt ein Jeep den Feldweg entlanggefahren. Zwei Lederlinge steigen aus, klappen

eine Bahre auseinander. Einer untersucht die Frau flüchtig, dann wird sie in den Jeep geschleppt.
»Weiterarbeiten. Hier gibts nichts zu sehen, verdammtnochmal.«
Der Typ, der neben mir so angestrengt arbeitet, daß ihm der Schweiß über die Stirn läuft, kichert wieder.
»Was passiert mit ihr?«, frage ich.
»Bioreaktor«, brabbelt er. »Gibt guten Dünger. Die war zu nah am Licht.«
Abends werden wir mit den anderen Gefangenen in einen Flachbau geführt, eine ehemalige Schweinemastanlage. Auf rohen Holzbänken gibt es Hirsesuppe, die nach Medikamenten schmeckt. Fünfzig Graue schmatzen, rülpsen und schweigen. Wir vier flüstern miteinander, was uns leere Blicke der Gefangenen und Geschrei der Wachen einbringt.
Doppelstöckige Kasernenbetten füllen den Rest der Halle. An der Stirnseite laufen auf drei Bildschirmen biedere Familienserien der fünfziger Jahre. Die schweigenden Gefangenen hocken sich auf den Boden. Einige würfeln und spielen Karten. Wir fallen erschlagen auf vier leere Pritschen. Als Joel zu mir herüberhuscht und mich in den Arm nimmt, kommt mir zu Bewußtsein, daß einige der jüngeren Frauen schwanger sind.
Kinder habe ich noch keine gesehen.
Morgen werden wir beraten, wie wir hier rauskommen.
Irgendwann erlöschen die Neonlichter, die Bildschirme flackern weiter ohne Ton. Man hört Schnarchen. Es stinkt.

4. April

Die Tage vergehen, und unsere Träume bleiben in den Tranquilizern stecken, die sie uns jeden Abend ins Essen mischen. Morgen werden wir fasten, um einen klaren Kopf zu kriegen, aber heute gab es frischen Spinat, und wir konnten nicht widerstehen. Es gibt hier nur Biokost, Gemüse, Schrotbrot, kaum Fleisch. Gestern hielt der

Boß eine Rede über die Bildschirme. Irgend etwas davon, daß Ordnung kreativ sein kann, wenn man die ›Prinzipien der Pyramide‹ anerkennt. Wir, die Gefangenen, seien das Fundament der Pyramide, und wir könnten stolz darauf sein, weil uns alle Wege offenstehen. In früheren Zeiten sei ja alles auf den Kopf gestellt worden, und deshalb sei die ›Krankheit‹ entstanden, von der wir heute durch die Kraft des Willens genesen könnten.
In der Nacht gab es dann wieder einen Toten.

5. April

Es regnet, und bei der Feldarbeit stehen wir knöcheltief in der aufgeweichten Erde. Die Wachen fluchen darüber, daß ihnen die Zigaretten naß werden. Gegen Mittag hören wir Schreie und Schläge vom Hof her und abends sind zwei Neue da – junge Typen mit Trotz im Gesicht und blauen Flecken. Man sieht ihnen die Entschlossenheit an, bei der nächsten Gelegenheit die Flucht zu wagen, auch wenn sie eine Kugel riskieren. Die Wachen passen auf wie die Geier, daß wir nicht mit ihnen reden. Beim Fernsehen, schon halb im Tranquilizer-Tran, kann Carla dennoch ein paar Worte mit ihnen wechseln. Als das Licht ausgeht und das Geschnarche anfängt, erzählt sie uns die Neuigkeiten.
»Sie sagen, daß sie hier rausgeholt werden. Sie sind sich ganz sicher.« »Von wem?«
»Sie sagen, sie sind nicht allein. Sie wurden durch Zufall von einer größeren Gruppe getrennt, die vor zwei Tagen in die Gegend kam und zwei oder drei Dörfer weiter lagert.«
»Wie viele sind es?«
»Konnte ich nicht erfahren. Sie wirken aber sehr überzeugt.«
»Wie sind sie?« »So ähnlich wie Harte. Haben anscheinend keinen Daueramok, aber man merkt ihnen an, daß sie einiges hinter sich haben.«

6. April

Der Tag verläuft wie sonst. Gegen Mittag fangen die beiden Neuen an, in den Streik zu treten und die Wärter zu beschimpfen. Sie werden vermöbelt, gefesselt und abtransportiert. Reiner, der sich einmischt, kriegt ein blaues Auge ab. Die beiden tauchen in der Schweinehalle nicht mehr auf.
Mitten in der Nacht wecken uns Schüsse. Die Wachen stehen nervös an der Eingangstür und halten ihre Schießeisen entsichert auf uns gerichtet. Die meisten schlafen weiter, obwohl das Licht angegangen ist.
Kurz darauf dringt das Prasseln und Knistern von Feuer, vermischt mit Indianergeheul, durch die halboffenen Türen. Die Wachen stehen jetzt größtenteils im Rahmen der zweiflügeligen Scheunentür und schießen. Nur noch einer von ihnen wirft nervöse Blicke in die Halle, als das Licht mit einem Flackern ausgeht. Draußen pausenlos Schüsse. Kommandos werden gebrüllt.
Joel und ich robben unter den Bänken hindurch. Auf der anderen Seite versuchen Carla und Reiner dasselbe. Durch den Spalt der Tür, hinter der sich die Wachen verschanzt halten, Feuerschein. Kurz bevor wir die beiden Wachen erreichen, flammen ihre Taschenlampen auf. Ein Lichtkegel streift meinen Arm. »Da!«, brüllt die eine Wache, »mach sie fertig!«
Ein Schuß peitscht, das Echo flappt durch die Halle, ein heißer Schmerz zieht durch meinen Oberarm. Dann entsteht ein Handgemenge vor der Tür. Ein Wächter fällt rückwärts. Sein Kopf schlägt mit einem dumpfen Geräusch auf den Boden. Carla und Reiner springen die Wachen aus dem Dunkel an. Joel kommt ihnen zu Hilfe, während ich daliege und mir mein Leben durch den Kopf gehen lasse.
Eine warme Flüssigkeit läuft aus meiner Schulter. Dann Nebel.

Als ich wieder aufwache, sehe ich Joels Gesicht über mir,

dahinter Sternenhimmel. In einigen Metern Entfernung ein Lagerfeuer.
»Wer hat gewonnen«, frage ich, »ist es schlimm?«
»Du hast nur einen Streifschuß, ein Kratzer, weiter nichts. Deine Nerven scheinen ja nicht die härtesten zu sein.«
»Du weißt doch, ich kann kein echtes Blut ertragen. Da hat wohl auch das Training kaum was dran geändert. – Wie sind die Befreier?«
»Sie sind ganz verträglich. Weißt du, wer dabei ist?«
»Jemand, den wir kennen?«
»Ja, Pißnelke.«
»Wo ist er?«
»Er fesselt im Moment die Gefangenen. Von den Lederlingen haben es zehn nicht überlebt, und ungefähr zwanzig sind geflohen. Den Rest haben unsere Helden sauber verschnürt.«
»Was für nette Menschen haben uns da befreit?«
»Ein bunter Haufen. Soviel ich erfahren konnte, sind die meisten aus Frankfurt. Ich kenne noch ein paar andere vom Sehen.«
»Wie sind sie drauf?«
»Scheinen eine gesunde Art von Galgenhumor zu haben. Mißtrauisch, aber herzlich. Reiner und Carla reden mit ihnen.«
Weiter hinten sitzt eine Gruppe am Lagerfeuer. Kurzgeschorene Frauen in bunten Overalls, Langhaarige. Man lacht. Weinflaschen werden herumgereicht.
»Ich will auch dahin.«
»Du bleibst jetzt schön hier liegen. Wir haben dir eine Spritze gegeben, weil dein Kreislauf so wackelig ist. Ich hole dir noch ein paar Decken, damit du nicht frierst.«
Bevor sie wiederkommt, bin ich eingeschlafen.

7. April

»Ich war mindestens fünfmal kurz davor, meine Enddosis einzupfeifen, obwohl ich ja ein Training hab«, erzählt

Pißnelke, »und als wir dann nach einer Woche realisierten, daß nix passiert, haben wir erst recht alle gedacht, wir packens nicht.«

»Und wie siehts jetzt in Frankfurt aus?«

»Geisterstadt. Hunde, Katzen, Zootiere, ein paar Durchgedrehte. In der letzten Woche sind ein paar Panzer eingerollt, sie sind mit Lautsprecherwagen durch die Straßen gefahren und haben verkündet, daß der Spannungsfall vorbei sei und jeder Bürger sich bei der Verwaltung zu melden habe. Ein paar hundert Verbarrikadierte haben sich sicher gemeldet und machen jetzt wohl einen auf Aufbau.«

»Die ganze Stadt ist leer!??«

»Im Freiland-Rest waren wir vielleicht noch fünfundzwanzig, als der Alarm kam. Du kannst dir nicht vorstellen, was da los war. Die Leute haben sich auf den Ausfallstraßen massakriert. Noch in den Autos haben sie ihre Dosis eingepfiffen, als ein paar konventionelle Bomben auf Hoechst runterkamen. Da kam dann natürlich überhaupt niemand mehr aus dem Stau raus, weil lauter Leichen in den Karren saßen. Das Militär hat dann noch wüst rumgeballert – aber wir haben das gar nicht so richtig mitgekriegt. Wir haben im Keller gesessen, alle fünfundzwanzig, Blut und Wasser geschwitzt und dauernd fing einer an, wir sollten es jetzt gemeinsam zu Ende bringen. Dann hat irgend jemand das Radio zertrümmert, es gab eine Schlägerei, und drei Leute sind abgehauen. Eine Frau ist durchgedreht und hat tatsächlich ihre Pillen runtergewürgt, so daß wir ne Leiche im Keller hatten. Gottseidank waren die meisten von uns so angedröhnt, daß nichts Schlimmeres passiert ist.«

»Und in den öffentlichen Schutzräumen?«

»Du wirst lachen – die waren fast leer, soviel wir wissen. Die Leute sind zu Fuß, auf dem Fahrrad, mit der Karre, wenn sie noch eine hatten, in alle Windrichtungen gerast. In die Bunker wollte keiner.«

»Und wie seid ihr so viele geworden?«

»Nach und nach. Alles ehemalige Harte. Unsere Gruppe

ist dann ins Nordend abgetröpfelt, wo's noch ein paar funktionierende Treibhäuser gab, in denen es auch im Winter noch halbwegs warm war. Und dann fing eigentlich sehr schnell alles wieder so an, wie es vorher gewesen war. Eine Gruppe organisierte nen Generator, wir machten ne Bar auf . . .«

»So, als wäre nix passiert?«

»Naja. Die meisten hatten natürlich einen Hau weg, mehr als vorher. Fast jeder hatte nen Freund als Leiche, überall in den Straßen lagen sie ja auch rum. Und außerdem gab es jede Menge durchgedrehte Normalos, die in der Gegend rumballerten.«

»Möcht wissen, wieso ihr das ohne Amok überstanden habt.«

»Witzbold«, grummelt er, »von den fünfundzwanzig meines ursprünglichen Vereins sind vielleicht zehn übriggeblieben.«

»Wie seid ihr organisiert? Über hundert Leute, wenn ich richtig gucke.«

»Ne Art lose Meute. Man arrangiert sich. Ab und zu gibts ne Keilerei. Aber unter hundert brauchst du heute überhaupt nicht erst anzufangen, das weiß jeder. Hast du ja hier gesehen. Diese komische Faschogemeinde wäre in zwei Monaten bestimmt doppelt so groß gewesen, wenn wir sie nicht beim Aufbau gestört hätten.«

»War das hier ne Ausnahme?«

»Kaum. Bei Friedberg gibt's ne christliche Sekte, fast fünfhundert Leute, die uns aber in Ruhe gelassen haben. Die beherrschen die ganze Gegend. Überall haben sie DAS REICH IST GEKOMMEN und solche Sprüche drangemacht. Wer sich da in der Gegend niederlassen will, muß entweder eintreten, oder er kommt früher oder später direkt ins Himmelreich.«

»Und was wollt ihr jetzt machen?«

»Keine Ahnung. Erstmal machen mir nachher n ›Thing‹ und begraben die Toten. Drei von uns hat's auch erwischt. Vielleicht übernehmen wir die Farm, aber ich bin dagegen. Die Riesenäcker kannst du auf Dauer nur mit Kunststoff päppeln, und den gibts nicht mehr. Wir denken mehr an Wald und Wiese und n schönes altes Dorf. Außerdem siedelt zehn Kilometer im Westen ne durchgeknallte Transformatorengruppe mit Führer und Religion und allem Drum und Dran. Tänze und Drogen und Gebete und schwarze Messen und der ganzen Zauber, nur um das Stammhirn zu beruhigen. Mit denen kriegen wir früher oder später auch Ärger, wenn wir hier bleiben.«

Auf dem Innenhof sammeln sich jetzt die Leute von Pißnelkes Clan. Einige graue Gefangene stehen stumm herum, es sind überwiegend die Jüngeren, Verstörten, die geblieben sind, die anderen haben sich nach dem Kampf in die Büsche geschlagen.

Pißnelkes Clan ist wirklich eine seltsame Mischung. Einige Gesichter kenne ich noch flüchtig von den Harten-Demos. Die Frauen sind fast alle kahlgeschoren, viele von ihnen tragen Farben im Gesicht, Streifen und Dreiecke aus geplünderten Kosmetikläden. Es scheint mehrere Untergruppen zu geben, die jeweils ihre Wortführer haben. Bei dieser Versammlung argumentiert die eine Gruppe Langhaariger mit Pißnelkes Argumenten gegen eine Übernahme der Farm. Bei der Frage, was mit den gefangenen Faschos passieren soll, gibt es dann Zoff. Eine Frau fängt an zu toben, daß sie die Schnauze von der Killerei endgültig voll hat. Erstaunlich, wie ruhig ansonsten alles verläuft. Schließlich werden die Gefangenen in Laster verladen. Man hat ihnen nur die Kleider gelassen. Sie sollen ein paar Kilometer weiter laufengelassen werden. Einige Tage Rast werden beschlossen, um von hier aus kleine Gruppen auf die Suche nach einem besseren Gelände zu schicken. »Wenn wir schon die Wahl haben, dann nehmen wir das Beste vom Besten«, meint Pißnelke. »Ein kleines Tal vielleicht mit einem rauschenden Bach und schnuckeligen Fachwerkhäusern mit alten Bäumen drumrum und einem Brunnen in der Mitte.« Seine Augen glänzen. Gegen Abend kommt die Nachhut des Clans. Zum erstenmal seit langem sehen wir wieder

Kinder. Quirlige, dreckige und aufgekratzte Gören, rücksichtslos wie in besten Altzeiten. Innerhalb von Minuten erfüllen sie die Farm mit ihrer Hektik. Die Clanleute lassen sie gewähren, auch als sie die Kühe aus den Ställen holen und sie auf dem Feld herumscheuchen. Man liegt träge in der Frühlings-Abendsonne, grillt einen Ochsen am Spieß und hört Musik aus Kassettenrekordern. Im Keller des Hauptgebäudes hat der Clan ein Bierlager entdeckt, und so geht das Ganze in ein allgemeines Besäufnis über. Um zehn sind fast alle zu.

8. April

Das Geknatter von Hubschrauberrotoren weckt uns aus verkatertem Schlaf. Etwa fünfzig Clanleute, die mit uns im Innenhof geschlafen haben, sind sofort aus ihren Schlafsäcken. Ein Durcheinander entsteht, als jeder nach seiner Knarre sucht.

Etwas abseits setzen die beiden großen Maschinen gerade auf, als sich der Clan zu einem Haufen formiert. Aus den Fenstern des Hauptgebäudes wachsen Gewehrmündungen.

Reiner, Carla, Joel und ich haben uns etwas seitlich hinter die Ecke des Geräteschuppens verzogen, als Soldaten aus den Maschinen quellen. Es sind Westdeutsche, bewaffnet mit MPs.

»Es gibt eine Katastrophe«, flüstere ich Joel zu. Mir tritt der Angstschweiß auf die Stirn. Warum habe ich plötzlich Angst, ein Gefühl, das ich seit dem Training nicht mehr kenne? Die Konditionierung scheint schwächer zu werden.

Der Haufen im Innenhof zerstreut sich. Man sucht sich Deckung, während die Soldaten sich mit gesenkten Waffen und in respektvoller Entfernung in einer Reihe formieren. Es sind ungefähr zwanzig und zwei Offiziere. Einer von ihnen fummelt an einer Flüstertüte, die ein nervendes Gequäke von sich gibt, bevor sie richtig ausgesteuert ist. Der Offizier will eine Rede halten.

»Hört mal zu«, tönt es schließlich aus der Tüte, *»Wir haben keine negativen Absichten.«* Pause. *»Ihr könnt die Knarren weglegen.«* Pause. Es knistert.
»Was wollt ihr?«, brüllt Pißnelke hinter einem Traktor hervor.
»Wir sind nur an einigen Auskünften interessiert«, quäkt die Stimme. *»Wir kommen im Namen der provisorischen Notstandsregierung. Unser Auftrag ist die Registrierung der Bevölkerung, wie bereits im Radio verkündet.«*
»Wir hören kein Radio, ihr Arschlöcher.«
»Wir haben Befehl, eine ordnungsgemässe Registratur durchzuführen. Falls ihr das verweigert, sind wir gezwungen, euch festzunehmen.«
Ein Raunen geht über den Hof. Ich laufe zu Pißnelke, der sich inzwischen mit einer kleinen Gruppe hinter der Ecke des Kuhstalls verschanzt hat. Man berät.
»Wir geben euch fünf Minuten Bedenkzeit.«
»Ich habe nicht übel Lust, ihnen eine zu verpassen«, sagt Pißnelke gerade zu einem stumpfen Typ, der mit seiner Pistole spielt, »aber ich glaube, dann kriegen wir langfristig mehr Ärger als gewünscht.«
»Wenn die mich irgendwas Sabbriges fragen, hau ich ihnen eine aufs Maul, auch wenn ich zum Sieb werd«, erwidert der Typ und spuckt auf den Boden.
»Ich hab Schiß um die Kids«, meint eine Frau, »aber wenn die meisten dafür sind, machen wir sie um, koste es, was es wolle.«
Man streitet sich noch eine Weile. Der Clan scheint auf schnelle Entscheidungen eingestimmt. Nach zwei Minuten geht Pißnelke ohne Deckung rüber zum Hauptgebäude, wo inzwischen schon drei andere Clantypen stehen. Zwei Frauen kommen noch dazu. Man debattiert heftig weiter.
»Noch eine Minute!«
»Noch dreißig Sekunden!«
Pißnelke geht über den Hof auf den Soldatentrupp und die Hubschrauber zu, die Waffe in der Hand. Er läßt sie auf der Hälfte des Weges fallen.

Er sieht so aus, als wollte er sich trotzdem nichts gefallen lassen.
Wenig später hat der Soldatentrupp an der Schmalseite des Hofes einen Tisch aufgebaut. Ein Teil der Soldaten sichert die Rückseite des Gebäudes, aber zum Abhauen hat keiner mehr Lust. Hinter einem Papierstapel sitzt der Offizier, nervös fummelt er sich mit einem Taschentuch im Gesicht herum. Mißmutig lungert der Clan auf dem Hof.
Pißnelke ist der erste, er testet die Prozedur für alle anderen, geladen wie eine Rakete.
»Warum ihr Arschlöcher uns nicht in Ruhe lassen könnt, nachdem ihr millionenweise Leichen produziert habt, ist mir schleierhaft.«
»Es ist auch in Ihrem Interesse, daß der Zustand von Anarchie . . .«
»Ach, halts Maul. Du widerst mich an. Du und deine ganze Zombiekompanie. Ihr habt nichts kapiert . . .«
So geht es eine ganze Weile. Der Offizier verspricht »Hilfe bei Besiedlungsprogrammen« und »medizinische Versorgung, falls erwünscht«, aber als Pißnelke immer ausfallender wird, sagt er: »Wir haben unsere Befehle.«
Hätte er lieber nicht sagen sollen. Pißnelke brüllt wie ein Stier, tritt den Tisch um und will dem Offizier an die Gurgel. Die beiden verängstigten Jüngelchen unter dem Stahlhelm bringen leicht zitternd ihre MP in Anschlag, als es mir und einigen Frauen endlich gelingt, Pißnelke festzuhalten.
»Mensch sei vernünftig. Wir haben nen Kollektivbeschluß.«
»Habt ihr gehört, was er gesagt hat?«, kreischt Pißnelke mit krebsrotem Gesicht und versucht, die Hände loszuwerden, die sich ihm in die Jacke krallen. »Habt ihr gehört, was diese Killheinis immer noch verbraten? Ich will euch sagen, was das heißt ›Wir haben unsere Befehle‹, das heißt, sie werden nicht aufhören, bis sie auch uns noch zu verstrahlten Leichen gemacht haben. Sie werden nicht aufhören, bis auf diesem Planeten kein

Regenwurm mehr Scheiße frißt! Und denen soll ich auch noch blöde Fragen beantworten?«
Während die Schreierei weitergeht und sich allmählich Hektik ausbreitet, suchen die Soldaten die in alle Winde verstreuten Papiere zusammen und fummeln an ihren Abzugshähnen. Es steht auf der Kippe. Immer mehr Leute erscheinen im Hof.
Ich sehe, wie Joel auf den Offizier zugeht und ihm etwas sagt. Der scheint erleichtert, setzt sich wieder hinter den Tisch und gibt seinen Jüngelchen in Uniform ein Zeichen, worauf sie ihre Waffen senken und sich etwas zurückziehen. Der Offizier spannt ein Formular in eine Schreibmaschine.
»Name?«, fragt er.
»Joel de la Fontaine.« »Geburtsort und Datum?«
»25. Januar 55, Düsseldorf.«
»Haben Sie Strahlenschäden oder sonstige Verletzungen erlitten?«
»Nein.« Joel knurrt, ich spüre ihre unterdrückte Wut.
»Wo waren Sie, als der Ernstfall eintrat?«
»Im westlichen Vogelsberg.«
Der Offizier entfaltet eine Karte, auf der blaue, rote und gelbe Flächen zu erkennen sind. »Das ist unmöglich, diese Gegend ist heute noch unbetretbar.«
»Das muß ich wohl besser wissen als Sie. Wir hatten einen guten Bunker.«
»Selbst erstellt?«
»Ja.«
»Hören Sie mal. In einem normalen Zivilbunker hat dort niemand überlebt.«
»Das dürfte Sie nicht viel angehen.«
»Frau la Fontaine, wir haben uns darauf geeinigt, uns nicht weiter zu streiten, und so wie es aussieht, kommen ihre Freunde dahinten auch allmählich zur Vernunft. Wir haben nun mal die Verpflichtung, eine genaue Aufstellung von Gesundheitszustand, Zukunftsplänen und zukünftigen Wohnorten der Bevölkerung zu erstellen.«
»Ich sehe aber nicht ein, was das mit der Art und Weise

zu tun hat, wie ich Ihren netten Aktivitäten entkommen bin.«
Der Offizier seufzt. »Soll ich Ihnen mal erzählen, was zur Zeit in diesem Land los ist?« »Nur zu.«
»NICHTS ist in diesem Land los, außer daß sich marodierende Banden von Durchgedrehten, irgendwelchen Organisationen aller möglichen Couleur und jede Menge Scharlatane gegenseitig umbringen. Von den Strahlenkranken ganz zu schweigen. Und wir haben die gottverdammte Aufgabe, das zu verhindern und einen halbwegs ordentlichen Wiederaufbau zu gewährleisten. Das Militär hat seit dem 30. November 89 nur noch zivile Pflichten, falls Sie wissen, was ich meine.«
»Ich kann's mir vorstellen. Ich habe aber auf ihre Art von Aufbau nicht mehr den geringsten Bock.«
Der Offizier gibt auf.
»Sie werden noch lernen müssen, daß die Armee heute nicht mehr das ist, was sie mal war«, bemerkt er resigniert, »und daß sie nicht mehr das sein wird, was sie mal war, darauf können Sie sich verlassen. Aber bleiben wir bei den persönlichen Daten. Nur noch nebenbei: Ich kann Ihnen versichern, daß die Organisation, die Ihnen zum Überleben verholfen hat – immer davon ausgehend, daß ihre Angaben bis jetzt stimmen – keine kostenlose Arbeit geleistet hat. Ich bin ziemlich sicher, daß sie von denen noch hören werden. Aber lassen wir das. Wo beabsichtigen Sie in Zukunft zu leben?«
»In Norddeutschland, bei einer Tante«, lügt Joel.
»Und wie wollen Sie dorthin kommen?«
»Hier gibt es jede Menge Fahrzeuge.«
»Sie wissen ja hoffentlich, daß sie die Straßen Richtung Norden nur unter Strahlenschutz benutzen können . . .«
»Weiß ich.« »Und die Adresse Ihrer Tante?«
Joel zögert eine Sekunde zu lange. »Husum, Hamburger Straße 25.« Der Offizier wird laut. »Hören Sie auf damit! Husum ist eine Ruine. So wenig können Sie gar nicht Radio hören, daß Ihnen das unbekannt ist.«
»Also gut. Ich habe nicht die Absicht, Ihnen mitzuteilen,

wo ich mich in Zukunft aufhalten werde, weil ich es selber nicht weiß.« »Wir haben Lager.«
»Ich will in kein Lager.«
»Haben Sie im letzten halben Jahr eine Krankheit gehabt?« »Nein.«
»Sie können von Glück reden, daß Sie bis jetzt keinen Typhus gefangen haben . . .«
Bis zum Abend ist die Registrierung abgeschlossen, der Offizier samt seiner Mannschaft entnervt. So verzichtet der Trupp auf Pißnelke und einige andere, die haßerfüllt zugeschaut haben, wie die neuerstandene Obrigkeit versucht, Futter für irgendwelche Computer zu bekommen.
Als es dunkel wird, floppen die Hubschrauber in den Abendhimmel.

10. April

Die Clanleute haben anscheinend eine Sucht, die sie verbindet: Harte und schrille Musik. Sie haben sich eine dicke Anlage aus einem Dorf in der Nähe besorgt, den Bierkeller zu einer improvisierten Geräuschhöhle gemacht und den Generator der Farm angeschlossen. Jetzt hängen sie unten rum, saufen und hören Geräuschplatten wie damals im Freiland. Und das alles, obwohl sie nur einige Tage bleiben wollen.
Wir vier haben eine kleine Diskussion, ob wir uns ihnen anschließen sollen. Es ist so ein verdammt sicheres Gefühl. »Es sind größtenteils Harte, und sie haben keine Konditionierung«, meint Reiner, »ich hab Schiß davor, wenn die sich niederlassen. Dann kommt das ganze Trauma wieder raus.«
»Und was meinst du, was mit uns los ist, wenn die Konditionierung nachläßt?«, widerspricht Carla. »Ich merk schon öfters, wie ich wieder Horror schmecke.«
»Ach, du auch?«
Joel bringt die Debatte auf den Punkt: »Wenn ich ehrlich bin, hab ich keine Lust mehr, weiter zu suchen. Und so,

wie es aussieht, sind wir bald hinüber, wenn wir zu viert weitermachen. Auf der anderen Seite ist natürlich klar, daß wir anders sind als die meisten vom Clan und daß die sehr fertig sind. Eine nette Transformatorengruppe, die technische Ahnung hat, wäre mir lieber, aber ich finde, wir sollten zusehen, ob wir nicht in der Nähe des Clans bleiben können. Umziehen können wir immer noch.«
»Und was werden Boris und Jennifer dazu sagen? Boris, dieser Perfektionist, wird sicher was gegen einen Haufen unpraktischer Harter haben.«
»Wir können sie selbst fragen. Ich hab gesehen, daß unter der Scheune ein leistungsfähiges Funkgerät steht.«
Aber auf der Frequenz, die wir ausgemacht haben, meldet sich niemand. Wir versuchen es mehrere Stunden. Im Kurzwellenteil nur Rauschen.

12. April

Mittags Clanversammlung mit dem Bericht der Kundschafter, die in den letzten drei Tagen die Region abgefahren sind. Es waren drei Trupps mit je vier Leuten und einem Lastwagen. Einer ist östlich von Butzbach in eine Schießerei geraten und hat zwei Verletzte mitgebracht, der andere Trupp kam schon nach 20 Kilometern in die Zone mit erhöhten Strahlenwerten. Nicht gefährlich, aber auf die Dauer unbenutzbar, zumal der Offizier eine Strahlenbelastungskarte dagelassen hat, auf der deutlich zu erkennen ist, daß sich die Zone wahrscheinlich noch durch Wind und Regen in den nächsten Jahren einige Kilometer weiter nach Südosten ausbreiten wird. Wir haben sowieso ein erhöhtes Strahlenlevel in der Atmosphäre. Überall.
Reiner und Carla sind mit dem dritten Trupp in die Ausläufer des Taunus gefahren. Die Vereinsgruppe, die wir suchen, wohnt in einem kleinen Weiler. Eine Gruppe von fünf Aussiedlerhöfen am Waldrand, in einem kleinen Tal gelegen. Sie sagen, sie hätten nichts dagegen, wenn auch eine größere Gruppe zu ihnen zieht. Nur

müßte mindestens die Hälfte des Clans Häuser bauen, da die Höfe allenfalls 50 Personen beherbergen könnten.
Der Clan ist einverstanden. Auch sie sehnen sich nach einem Ruhepunkt. Dann ergreift Joel das Wort: »Bevor wir aufbrechen, habe ich noch etwas zu sagen. Ich möchte um eure Hilfe bitten. Ich weiß, es ist ein bißchen happig. Aber wir haben noch zwei Freunde, die wir im verstrahlten Gebiet zurückgelassen haben. Wir wollten sie abholen, sobald wir einen Ort gefunden haben, wo wir uns niederlassen können, und den haben wir jetzt wohl in Aussicht. Wir haben eine Funkverbindung zu ihnen vereinbart, aber es meldet sich niemand auf der Frequenz. Es kann sein, daß das Gerät bei den beiden kaputt ist, aber wir haben das Gefühl, es ist etwas Schlimmeres. Wir wollen die beiden aber auf keinen Fall im Stich lassen. Wir bitten fünf oder sechs von euch, zwei von uns zu begleiten. Die anderen von uns sollen mit ins neue Dorf gehen, weil es jetzt höchste Zeit wird, auszusäen. Aber selbst wenn wir zu viert fahren würden, wäre das Risiko ziemlich hoch, daß wir irgendwo steckenbleiben oder angegriffen werden.«
Gemurmel. »Laßt es gut sein«, zischt mich Pißnelke von der Seite an, »die meisten sind es nicht gewohnt, um Hilfe für Leute gebeten zu werden, die sie nicht gut kennen. Ich organisiere das.«
Abends losen wir mit einem nutzlosen Fünfmarkstück. Zahl für Joel und mich, Bundesgeier für Reiner und Carla. Der Geier gewinnt.

13. April

Eine kurze Umarmung, dann steigen Reiner und Carla in den Lastwagen, wo schon Pißnelke mit drei Frauen und zwei Männern wartet. Ein chaotisches Geräusch übertönt das Gebrumm des Dieselmotors – Pißnelkes Gruppe hat nicht auf eine gute Stereo-Anlage für die Fahrt verzichtet –, dann setzt sich der Wagen in Bewegung. »Zwei Wochen höchstens«, brüllt Reiner aus dem

Seitenfenster. »Die ersten Radieschen . . .« Dann verschwindet der Wagen hinter dem Hauptgebäude.
Joel und ich checken jetzt den Bus, den die Faschos unversehrt in die Scheune gestellt haben. Sogar unsere Saatgutkiste ist noch drin.
Im Nieselregen setzt sich die Kolonne des Clans in Bewegung, fünfzehn Fahrzeuge im ganzen. Drei buntbemalte Laster hat der Clan schon vor dem Kampf auf der Farm benutzt, der Rest besteht aus den Fahrzeugen der Lederlinge. Ein Viehtransporter ist mit Kühen vollgeladen, ein anderer mit Ziegen, die aufgeregt blöken. Drei Traktoren bestimmen das Tempo des Zuges. Vor uns fährt einer mit einem großen Anhänger, auf dem die Clankids herumturnen. Sie schmeißen Matschklumpen auf unsere Windschutzscheibe. Ich drohe mit der Faust aus dem Fenster und die Kinder verstecken sich kichernd hinter dem Rand des Anhängers.
In den Dörfern werden wir beobachtet, begegnen aber niemandem auf der Straße. Hunde und Katzen bevölkern die Dorfplätze, sie scheinen sich rapide zu vermehren. Nach zehn Kilometern nehmen die Schäden an den Häusern zu und bald finden wir keine heilgebliebene Fensterscheibe mehr. Kurz vor Butzbach werden die Zerstörungen so groß, daß Schutt auf den Durchfahrtsstraßen die Laster zum Schlingern bringt.
»Nördlich von Butzbach ist ein Zehn-Kilotonnen-Ding runtergekommen«, sagt Joel und schaltet in den ersten Gang, als wir knirschend über eine umgestürzte Hauswand fahren. »Von Butzbach ist nicht mehr viel übrig.«
»War sowieso ne Amikolonie.«
»Deinen Amihaß kannst du dir jetzt an den Hut stecken.« »Für mich sind's immer noch die gewesen.«
»Ach Quatsch.«
»Wieso? Glaubst du, ohne die wär das alles gelaufen?«
»Wenn nicht die Amis, dann jemand anders.«
»Was ist eigentlich aus dem anderen Teil Deutschlands geworden? Steht denn dieser antifaschistische Schutzwall noch?«

»Ich habe gestern einen Ostsender gehört, in dem zwischen Marschmusik und Klaviersonaten zur Ruhe und Ordnung aufgefordert wird, klingt genauso hilflos wie hier. Außer Warnungen vor den toten Zonen, medizinischen Hinweisen und ähnlichem Unsinn scheint ihnen ebensowenig einzufallen.« »Wundert dich das?«
»Nein, aber im Radio kam auch etwas über die ›entspannte Lage‹ an der innerdeutschen Grenze. Da muß es jetzt so was geben wie ne neutrale Zone.«
»Wie soll das aussehen?«
»Wahrscheinlich gar nicht. Grenzenloses Chaos wie sonst überall auch. Deutschland ist wiedervereinigt, das dürfte es heißen.« Wir müssen lachen.
Die Kolonne erreicht die ersten Ausläufer des Taunus. Hier gibt es keine Schäden an der Vegetation, und wir atmen süchtig die Luft, die so schmeckt, wie Frühling immer geschmeckt hat. Die Straße windet sich in ruhigen Kurven durch den Wald, und der Regen trommelt auf das Busdach. Die Kinder auf dem Anhänger vor uns haben sich unter einer Plane verkrochen und sind still geworden. Als es zu dämmern beginnt, erreichen wir den Weiler, der noch idyllischer ist, als es die Kundschafter beschrieben haben. Drei Höfe an einem kleinen Bach. Nur die moderne Scheune und Mastställe stören das Weichbild, würfelförmige Kästen aus weißem Fertigbeton.

16. April

Etwas abseits vom Weiler entdecken Joel und ich ein kleines Holzhaus. Die Fenster und Türen sind mit Brettern verschraubt. Während der Clan in den Hauptgebäuden sein gewohntes Treiben mit viel Musik entfaltet, brechen wir die Tür der Hütte auf. Das war mal ein Ferienhaus. Drei Zimmer und eine blitzblanke Küche. Wolkenstores. Ein kleiner Bücherschrank mit Abenteuerromanen.
»Joel, es ist soweit, die Zivilisation hat uns wieder!«
Das Badezimmer enthüllt Schätze. Rasierzeug, Seife,

Parfüms, Zahnbürsten, Zahncreme. Es tröpfelt sogar aus dem Wasserhahn.
»Paß auf, vielleicht ist das Wasser verseucht!«
»Ach was. Nicht mehr als anderswo auch. Wir fangen uns sowieso alle den Krebs.« »Hör auf!«
Ich rasiere mich. Zuerst muß ich eine Schere zu Hilfe nehmen. Als ich pfeifend aus dem Bad komme, sitzt Joel auf der Veranda und blickt auf den Weiler, von dem Gehämmere und Musik heraufweht. Sie raucht eine Zigarette.
»Wo hast du die Kippe her?«
»In der Kommode im Schlafzimmer liegt eine ganze Packung. Du stinkst nach After shave.«
»Dieses kleine Vergnügen solltest du mir gönnen.«
»Und was passiert, wenn eines Tages die Normalos, die hier gehaust haben, zurückkommen?«
»Was hat das mit After shave zu tun?«
»Nichts. Oder vielleicht doch. Ich meine, was ist, wenn die alte Zeit zurückkommt? Eines Tages stehen Papimami mit zwei Kids vor der Tür und sagen: ›Guten Tag, wir kommen aus Südamerika, und dieses Haus gehört uns!‹«
»Dann sagen wir: ›Im Namen der provisorischen Unkultur, dieses Haus ist in den Besitz derjenigen übergegangen, die darin wohnen.‹«
»Und dann hängen wir ne Fahne raus und ein Transparent, auf dem geschrieben steht: ›Dieses Haus ist besetzt!‹«
»Und dann kommen drei Hundertschaften Bullen angefahren, und der Oberzombie brüllt, daß wir drei Stunden Zeit haben, um unsere persönliche Habe zu packen.«
Wir müssen schon wieder lachen.
Dann sagt Joel: »Das Haus ist ein bißchen klein für sechs Leute.« »Wenn wir sechs werden.«
In einem angebauten Schuppen finden wir Gartengeräte und mühen uns den Rest des Tages, ein dichtes Gestrüpp von Unkraut und verwilderten Beerensträuchern umzugraben. Wir entdecken Erdbeerpflanzen, die zu blühen

beginnen. Gegen Abend haben wir ein grobes Gemenge aus Pflanzenteilen, Erde, Wurzelballen und Steinen produziert. »Ich bezweifle, daß darauf was wächst«, sagt Joel. »Das Unkraut ist bestimmt schneller.«
Wir beschließen, ins Dorf runterzugehen und ein geeignetes Gerät zu suchen, um das Ganze noch einmal zu zerhäckseln.
Im Dorf das schon gewohnte Bild. Der Clan hat sich eingerichtet und lagert größtenteils auf der Wiese am Bach. Wir fragen einen Langhaarigen, wo die Gerätschaften der Bauernhöfe zu finden sind. »Wir haben das ganze Zeug da unten zu einem Haufen zusammengeworfen.« »Geworfen? Wollt ihr denn nichts anbauen?«
»Einige haben so was gemeint, aber die meisten haben wohl keinen Bock. Wir haben noch'n ganzen Laster voller Lebensmittel.«
»Aber der ist doch in zwei Wochen aufgebraucht!«
»Na und? In den Kleinstädten gibts noch jede Menge Läden.«
»Es gibt aber auch andere Leute, die was zum Fressen brauchen.« »Ach leck mich.«
Wir finden schließlich eine handliche Gartenegge mit Dieselbetrieb und vollem Tank unter einem Haufen von Güllewagen, Melkanlagen, rostigen Traktorpflügen, einer Mähmaschine und anderen landwirtschaftlichen Geräten.

20. April

Der Boden ist jetzt fein genug, und wir öffnen die Plomben an der Samenkiste. Wir sind aufgeregt wie junge Kids, als wir Radieschen-, Spinat-, Möhren-, Erbsen- und Kräutersamen in die Rillen streuseln.
»Ab jetzt wird der Abfall getrennt«, verkündet Joel, »und hier kommt der Komposthaufen hin.«
»Wir haben doch überhaupt keinen organischen Abfall, nur Konserven, mit denen wir sparsam sein müssen – das heißt, wir müssen sie aufessen. Auch die Hülsenfrüchte

und der Speck werden in unsere Mägen wandern und nicht auf den Kompost.«
»Ich mein ja nur«, sagt Joel. »Außerdem können wir ja in nen Supermarkt fahren und vergammelte Konserven herankarren.«
»Mir fallen übrigens schon die Haare aus«.
»Ich weiß schon. Ich bin auf dem Land aufgewachsen. Ich sehne mich nach nem Komposthaufen, nem angeberischen Hahn mit ein paar Hühnern und dem Gestank von Mist.« »Extravagante Wünsche.«

22. April

Das Wetter ist umgeschlagen, und mitten im April ist es heiß geworden wie im Hochsommer. Zum erstenmal seit dem Training habe ich das Gefühl, daß mich Gedanken überschwemmen. Es ist, wie wenn ein dumpfer Druck in meinem Kopf verblaßt.
Joel und ich spüren jetzt auch, wie krank wir sind, wie verbraucht durch Pillen und Anstrengungen. Den meisten Teil des Tages liegen wir auf der Terrasse herum und reden. Unten im Dorf feiert man ein ununterbrochenes Fest. Ein falsches Programm. Niemand denkt an die Normalos, die weitermachen werden wie in der Altzeit, wenn sie niemand daran hindert.

25. April

Die Radieschensamen sind aufgegangen.

30. April

Reiner und Carla sind zurück. Sie sind verstört und niedergeschlagen.
Kurz vor der toten Zone wurde der Lastwagen von einer Gruppe Verstrahlter angegriffen. Es gab eine wilde Schießerei, zwei Verletzte unter Pißnelkes Freunden.
Boris und Jennifer müssen einen entscheidenden Fehler

gemacht haben. Es gab von ihnen keine Spur. Die Stollenschleuse war offen. Sechs tote Normalos ohne Schutzanzüge verstreut in allen drei Räumen. Einen Tag lang haben die beiden und der Clan-Trupp nach Boris und Jennifer in der Umgebung gesucht, sie aber weder tot noch lebendig gefunden. Dann mußten sie umkehren. Reiner meint, es gäbe eine Chance, daß sie überlebt haben. Die Strahlung ist nicht mehr so hoch, daß sie tödlich wäre, wenn man nicht länger als zwei Tage ohne Schutzanzug im Freien ist. Eine kritische Belastung wäre nicht zu vermeiden gewesen, aber zu Fuß hätten die beiden höchstens zwei Tage gebraucht, um aus der Zone rauszukommen. Außerdem gibt es in der Gegend noch funktionsfähige Autos.

10. Mai

Wir haben wenig Kontakt zu den fünf Konditionierten unten im Dorf. Sie sind uns fremd, vielleicht weil sie uns zu ähnlich sind. So wie zwei positive (oder negative) Magnetpole sich abstoßen. Soviel wir mitkriegen, haben sie eine ausgesprochen dynamisierende Wirkung auf Pißnelkes Clan. Immerhin hat ein ganzes Dutzend Clanleute inzwischen zum Pflug gegriffen. Das große Getreidefeld oberhalb des Weilers ist Allgemeingut – auch wir beteiligen uns daran. Gestern haben wir zwischen den Haferpflänzchen Unkraut gerupft.

15. Mai

Die ersten frischen Radieschen aßen wir heute, obwohl sie so klein waren wie Erbsen. Carla hat gestern mit einem gefundenen Jagdgewehr ein Reh geschossen. Wir kümmern uns jetzt um die Ziegenherde, die den Clanleuten zu anstrengend wurde. Joel versucht sich an Ziegenkäse, während Reiner und ich in die umliegenden Dörfer und Kleinstädte fahren, um unseren Vorrat an Lebensmitteln zu komplettieren. Wir brauchen vor allem Salz,

Mehl, Gewürze, Kaffee und Tee, Öl und Benzin. Wir finden fast alles, aber kein Benzin mehr. Die Tanks in den rostigen Wracks auf den Landstraßen und in den Dörfern sind inzwischen alle leer, von den Tankstellen ganz zu schweigen. Wir rechnen damit, daß wir unsere Fahrten bald einstellen müssen.
Die Clanleute sind, so wie es aussieht, inzwischen zerstritten. Pißnelkes engere Gruppe läßt sich auf Landwirtschaft ein, während die anderen immer mehr Streifzüge in die Umgebung machen und dabei das letzte Benzin verbrauchen. Eine andere Gruppe ist in den Wald gezogen. Noch andere gingen und kamen nicht wieder.
Der Garten erfordert viel Pflege, wir fangen jetzt schon an, das Brennholz für den Winter zu sammeln. Wir haben ein paar Hühner gefangen, die vereinzelt in den Wäldern herumlaufen. Vorgestern habe ich mit Carla einen halben Tag gebraucht, eine Henne zu erwischen, die nicht weit von unserer Hütte in einer Tannenschonung genistet hat.

20. Mai

Frische Erbsen. Wer nicht ein Jahr lang nur Konserven gefressen hat, weiß nicht, wie das schmeckt.

25. Mai

Carla ist krank, sie liegt mit Bauchkrämpfen im Bett. Wenn sie den Typhus hat . . .

26. Mai

Es geht Carla besser, und niemand von uns zeigt Symptome. Reiner meint, es wäre eine Lebensmittelvergiftung. Das heißt, das unsere Konserven schlecht werden. Allmählich brauchen wir nicht mehr so viel davon.

ZWEITES BUCH
SCHLACHTENLÄRM

I

Es war das Jahr drei, das Jahr also, in dem Joel Turtur in die Welt setzte und Carla dieses Monster ohne Schädeldecke gebar, das nach zwei Tagen starb. Es war das Jahr, in dem wir ins Dorf herunterzogen, wo Pißnelke nur noch mit ein paar Freunden geblieben war, die, wie er, die Erde liebten. Es war auch das Jahr, wo uns das Korn im Unkraut erstickte und es gerade bis zum Herbst für fade Brote reichte. Pißnelkes Gruppe hatte die alte Wassermühle repariert, die nur Strom für zwei Glühbirnen gab, weil der Bach nur ein kleines Rinnsal war. So benutzten wir die Mühle zum Kornmahlen. Niemand fuhr mehr mit Flüssigkeitsfahrzeugen auf den Wegen, so daß wir uns wunderten, als dieser weiße Laster in den Hof fuhr und drei Männer in weißen Overalls ausstiegen, fast wie Schutzanzüge, nur ohne Kopfteil. Joel war die erste, die das Zeichen erkannte, das so groß wie ein Mann an der Seitenwand des Kastenaufbaus aufgemalt war. Es war das Zeichen der Organisation, der wir unser Leben zu verdanken hatten. Der rote Kreis mit dem schwarzen Punkt.

Das letzte Benzingefährt hatten wir im Winter gesehen, als einige Clanleute zurückkamen. Sie waren halb verhungert, hatten bleiches Fleisch und fraßen unsere Vorräte weg. Sie verbrannten unser Winterholz in einer Scheune, die viel zu groß für sie war und die sie nicht einmal isolierten. Sie brachten Dinge der alten Welt mit. Kästen, die wir Videos nannten, mit lebenden Bildern. Aus anderen Geräten flossen Töne, die unseren Ohren wehtaten. Sie schleppten all dies und noch viel mehr in ihre Scheune und wollten Nahrung dafür, daß wir uns ihre Bilder ansahen. Nach und nach gingen die Apparate kaputt. Da sie vergessen hatten, wie man sie repariert, lagen sie bald überall herum und rosteten. Die Kinder verletzten sich daran, die Ziegen fraßen die weichen Teile davon und wurden krank.

Sie hausten also den ganzen Winter bei uns, und wir versuchten mehrmals, sie zum Aufbruch zu bewegen, aber sie saßen nur stumpf in ihrer Scheune und spielten ihr trauriges Spiel, bis es eine Schlägerei gab und sie davonzogen. Sie drohten, zurückzukommen oder anderen Menschen zu erzählen, daß es im Dorf Gemüse und Korn gab, aber wir hörten nichts mehr von ihnen. Seit diesen Tagen waren wir nicht mehr so gastfreundlich wie zuvor. Als die Männer aus dem weißen Wagen mit dem Zeichen stiegen, liefen alle zusammen, nur Pißnelke blieb am Holzschuppen stehen, in dem die letzten funktionierenden Gewehre und die Knüppel lagerten. Ich bat Joel, im Haus bei Turtur zu bleiben, der zu quäken anfing, und ging hinaus, um mit den Männern zu reden.
Auch Cora und Malik von der Schwestergruppe, die damals noch mit uns im Dorf wohnte, waren ganz aufgeregt, denn auch sie hatten die Lehre dieser Männer durchgemacht.
»Wer ist der Anführer?«, fragte einer der drei in freundlichem Ton. »Wir haben keinen«, erwiderte ich, »trotzdem werden wir mit euch reden, wenn ihr sagt, was ihr wollt.«
»Kennt jemand von euch dieses Zeichen?« Er deutete auf eine Plakette an seiner Brust.
»Ich kenne es. Die meisten hier sind durch euer Training gegangen.»
»Ihr müßt sechs gewesen sein. Wo sind die anderen?«
»Wir sind zwölf, denn hier sind zwei Gruppen. Eine Frau paßt dort hinten auf das Kind auf. Vier sind im Wald Holz fällen. Eine ist in den Wirren umgekommen, und zwei andere sind höchstwahrscheinlich tot.«
»Das tut uns leid. Geschah es durch äußere Einflüsse, oder legten sie Hand an sich?«
»Letzteres glauben wir nicht.«
»Ihr habt Kinder, wie ich höre. Sind sie gesund?«
»Wir haben zwei kleine und mehrere ältere. Die beiden Kleinen sind gesund, aber wir hatten auch zwei Mutationen, die nicht lebensfähig waren. Aber eure Fragen

berühren unseren inneren Kreis. Seid ihr hergekommen, um uns auszufragen?«

»Nein, nicht deshalb«, sagte der Wortführer und befahl einem der Männer, zum Laster zu gehen und etwas zu holen. Wir setzten uns auf die Holzbänke unter dem großen Baum in der Mitte des Dorfes, denn es war ein warmer Herbsttag. Die drei Männer folgten unserem Beispiel. Sie wirkten aufrichtig und ernst, auch wenn uns ihre Fragen befremdet hatten.

»Wir haben euch einige Vorschläge zu machen«, fuhr der Wortführer in seiner Rede fort. »Sie werden euch nichts kosten.«

»Was heißt kosten?«, knurrte Pißnelke dazwischen, der nähergekommen war. »Seit wann gibt es wieder grüne Froschhaut?«

»Froschhaut?«

»Ich meine Piepen, Mäuse, Penunzen, Geld.«

»Nein, es geht nicht um Geld oder ähnliches. Es geht um einen Tausch, den wir mit euch abschließen wollen, und der zu eurem Vorteil sein wird, nicht zu unserem.«

»Du redest wie ein Normalo«, sagte Pißnelke.

Der Mann stellte eine braune, schwere Tüte auf die Holzbank. Sie war aus neuem Plastik. »Dies hier« – seine Stimme wurde feierlich – »sind Samen.«

»Wir gewinnen unseren Samen selbst.«

»Natürlich. Aber was baut ihr an? Vielmehr, was könnt ihr anbauen, seitdem das Klima solche Schwankungen bekommen hat? Möhren wahrscheinlich, Kohl, Spinat, Rüben, Kartoffeln und Getreide.«

»Ich weiß nicht, ob ich euch nicht zuviel Vertrauen schenke, wenn ich euch sage, daß wir Gewächshäuser besitzen und Tomaten, Gurken, Kürbisse und noch mehrere andere Gemüsesorten anbauen, ganz abgesehen von den Tieren . . .«, erwiderte ich.

»Sind eure Tiere gesund?«

Ich sagte nichts mehr, und auch der Rest des Clans schwieg. Das Gespräch wurde zum Verhör, und wir liebten Verhöre nicht.

Im letzten Sommer waren unsere Schweine eingegangen. Wir wußten nicht, woran. Und auch die Hühner waren seit dem Sommer krank.
»Ich sehe, ihr mögt nicht antworten«, fuhr der Mann fort und bemühte sich, seiner Stimme einen freundlichen Klang zu geben. »In diesem Sack sind Samen von Zuckerrüben. Es ist eine Sorte, die besonders schnell wächst, wenn man eine bestimmte Düngung hinzufügt, die wir ausreichend im Wagen haben. Ihr habt Land, mehr als ihr braucht, ihr seid gesund, und wir möchten euch bitten, einen Acker damit zu bestellen. . .«
»Zucker brauchen wir nicht«, sagte Pißnelke mit abnehmender Beherrschung. »Wir haben noch hundert Sack davon, und außerdem haben wir Bienen. Also nehme ich an, daß ihr ein Schnapsbrennerverein seid und wir euch dazu verhelfen sollen, daß ihr euch einen andudeln könnt.«
»Du irrst. Wir wollen Treibstoff daraus machen. Und ihr werdet den größeren Teil davon erhalten.«
Ein Raunen ging durch unsere Runde, denn damit hatte der Vereinsmensch in unsere Wünsche gestochen wie in ein Wespennest. Wir destillierten zwar einen Saft aus Gerste, mit dem die Traktoren fuhren, aber sie waren langsam und konnten nur auf gerader Fläche vorwärtskommen.
Nur Pißnelke blieb scheinbar kalt. Er fuhr fort, sie anzugreifen.
»Ich glaube, ihr wollt die alte Welt wieder errichten mit eurem ›Dünger‹. Wir glauben aber, daß unsere Regenwürmer an diesen Dingen keinerlei Freude mehr haben.«
»Es ist ein natürlicher Dünger«, erklärte der Gast mit Geduld. »Es ist Kalk mit einigen Mineralien vermengt. Zuckerrüben brauchen das, um wachsen zu können. Ihr könnt uns glauben, daß auch wir die Grundsätze beachten, sonst würden wir versuchen, wieder Kohle aus der Erde zu stehlen.«
Diese Worte wogen schwer. Gleichzeitig hatten die drei damit verraten, daß die Organisation über große Mög-

lichkeiten verfügen mußte. Wie hätten sie sonst mit dem Gedanken spielen können, Kohle zu rauben?
»Wir möchten aber nicht nur, daß ihr wieder mit Autos fahren könnt, wir möchten euch noch mehr anbieten. Gegen das, was im Moment an Seuchen grassiert – und zwar unter Menschen und Tieren – ist bis jetzt kein Naturkraut gewachsen. Soweit ich sehen kann, seid ihr alle gesund. Ihr wißt aber, daß die erhöhte Strahlung Krebs verursachen kann. Wir versprechen euch medizinische Hilfe, falls ihr Opfer einer Seuche werdet. Auch haben wir einen Stoff, den wir euch geben möchten. Einen Stoff, der keine Strahlung durchläßt, wenn ihr Kleider daraus tragt. Die Bedingung ist, daß ihr zwei Hektar Zuckerrohr anbaut. Ihr müßt ihn jetzt im Herbst aussäen, denn er braucht den Winter, um zu keimen.«
Sie luden große Bündel aus dem Gefährt. Es war die Bewahrungshaut, die wir noch heute tragen, nur viel grober und grauer. Wir erfuhren zum erstenmal, daß es so etwas gibt. »Es ist Gewebe aus Graphit«, sagte der Mann, »wenn ihr mehr davon habt, könnt ihr damit eure Häuser von innen auskleiden, so daß euch so wenig Strahlung durch den Körper geht wie früher.«
Wir beschlossen, uns zu einem Rat zurückzuziehen, und baten die Männer, uns zwei Stunden Bedenkzeit zu geben. Wie ich schon ahnte, konnten wir uns nicht einigen. Pißnelke war gegen den Tausch, er befürchtete einen Trick und redete von Verrat der Grundsätze. Die meisten waren gegen Pißnelke, vor allem die Frauen, die gerne Kinder haben wollten. Von den vier Geburten im Dorf waren drei sehr schwer gewesen, so daß auch Carlas Medizinkenntnisse versagten. Jedem im Dorf war klar, daß wir trotz aller Fährnisse Glück gehabt hatten. Aber die Geburten waren nicht das Schlimmste, vielleicht würden die Frauen sie mehr und mehr erlernen. Viel schwerer wog die Angst vor den Seuchen. Bleichsucht und Geschwulste waren im Weiler sehr wenig aufgetreten. Wir wußten, daß viele Umherziehende, die sich immer noch mit der Nahrung der alten Welt ernährten,

wenig arbeiteten und Trauer in der Seele trugen, davon dahingerafft wurden. Die Geschwulste konnten wir bezwingen, aber nicht die Körperschwäche, die aus der Strahlung kam und die uns zwang, keinen Menschen zu sehen. Denn jeder, ob seßhaft oder umherziehend, hätte uns angesteckt. So mußten wir arm leben, zu arm, nicht einmal tauschen konnten wir wichtige Dinge. Wir brauchten Medizin, künstliche Medizin, denn die Kräuter halfen nicht gegen die Krankheiten, die uns umgaben, und die Tiere wurden von unseren Gesängen nicht gesund.

Trotz aller Reden von uns, die wir den weißen Männern am meisten vertrauten, konnten wir weder Pißnelke noch seine Gefährten umstimmen. Wir verstanden nicht, warum Pißnelke sich so versperrte, war er doch auch durch das Training gegangen. So blieb uns nichts anderes übrig, als den fremden Männern mitzuteilen, daß die Gesetze des Clans es erforderten, noch weitere Wochen über ihr Angebot zu streiten. Sie nickten mit den Köpfen und fuhren davon. In zwei Monaten wollten sie wiederkommen.

Später im Herbst wurde Turtur krank. Er hustete Blut und hatte hohes Fieber. Carla meinte, daß er wohl bei den Lebenden bleiben würde, daß aber nicht sicher sei, ob ein währender Schaden bliebe.

Die Männer hatten uns eine Karte zurückgelassen, auf der ein roter Punkt in etwa fünfzig Kilometer Entfernung eingezeichnet war. Dort, hatten sie gesagt, sei ein Krankenhaus. Ich sattelte also mein Pferd, obwohl es mir nicht zuverlässig gehorchte, denn seit wir es eingefangen hatten, war ich nur kurze Strecken auf ihm geritten, und es schien immer noch dem unbekannten Anderen folgen zu wollen, dem es früher gehört hatte. Wir hatten den letzten Getreidetreibstoff für den Generator und kleine Fahrten mit dem Traktor verbraucht, und außerdem waren die Straßen schlecht. Der Weg führte zuerst durch die Wälder. Es war schwierig, sich zurechtzufinden; die

Waldwege, die auf meiner Karte verzeichnet waren, wurden vom wuchernden Dickicht verschlungen. Ich brauchte sehr lange, um den Wald zu durchreiten, und als ich den Osthang der bewaldeten Hügelkette herunterritt, hörte ich Motorengeräusch im Wald. Ich sah einen Bulldozer, der die Bäume niederwalzte. Männer standen dabei und zerkleinerten mit Motorsägen die Stämme. Der Wald klagte. Ein blauer Rauch kaum aus der Planierraupe. Sie benutzten ein starkes Mittel als Treibstoff. Etwas weiter verließ ich den Wald und konnte auf eine Ebene blicken, die sich an dem Flüßchen Nidda entlang erstreckt. Man konnte weit sehen, und die Blätter färbten sich bunt, wie damals im Herbst, als wir an unserer Höhle bauten, die uns ins neue Zeitalter entließ.

Ich überquerte die Autobahn, eine besonders breite Straße, die noch gut erhalten war. Aber es gab keine Verwendung mehr für sie. Man hätte sogar noch darauf fahren können, aber nur ein Stück, denn Brücken waren auf sie heruntergefallen.

Das erste Dorf, an dem ich vorbeiritt, war verlassen, doch im zweiten lebten Menschen. Ich sah drei Windmühlen über den Dächern, keine aus Fiberglas zwar, aber aus Metall, so daß man sie nicht mit den Händen eines einzigen Menschen fertigen konnte. Ich sah moderne Kollektoren auf den Dächern, solche, wie wir sie heute verwenden, und im Geäst der Bäume vor den Häusern am Rand des Dorfes Glashäuser. Dann setzte mein Pferd den Huf auf einen geordneten Weg zwischen Gärten, in denen Menschen arbeiteten, die mit dem grauen Tuch gekleidet waren. Sie grüßten mich, als wollten sie nichts Übles. Ich sah lange Reihen von Zuckerrübenpflanzen.

Ich kam jetzt besser voran, denn es gab befestigte Wege, die in die richtige Richtung führten. Immer mehr Felder schälten sich aus den verwilderten Wiesen. Auf den Feldern bewegten sich Traktoren.

Am Rande der Stadt brannten elektrische Lichter in einem großen Haus aus Stein und Glas. Auf dem

Parkplatz standen viele Lastwagen, alle weiß und mit dem Zeichen der Organisation.

Viele Menschen fuhren mit Treibstoffahrzeugen in der Stadt herum, es gab Händler und Buden, an denen man tauschen konnte. Pferdekarren bewegten große Haufen mit Zuckerrüben, und mein Pferd wurde scheu, so daß ich absteigen und es an den Zügeln führen mußte.

Ich band mein Pferd, das sehr erschöpft war, an einen Baum und betrat die Eingangshalle.

Es war wirklich ein Krankenhaus wie in der alten Zeit. In der Eingangshalle brannten alle Neonlampen an der Decke. Sie mußten einen großen Generator besitzen, und viel Treibstoff.

In der Halle waren Bänke aufgestellt. Auf ihnen saßen Menschen verschiedenster Art. Plärrende Kinder liefen herum oder lagen müde und krank in den Armen der Mütter. In einem Glaskasten an der Seite saß ein Mann und drückte den Menschen, die vor ihm in einer Schlange standen, Zettel in die Hand.

Als die Reihe an mir war, sagte ich: »Ich habe ein krankes Kind und mir wurde versprochen . . .«

Er unterbrach mich mitten im Satz, ohne aufzublicken.

»Ihre Registraturkarte bitte . . .« Ich wußte nicht, was das war. »Ihre Erntequittung reicht auch, falls Sie keine Registratur haben.« Ich hatte diese Dinge nicht, von denen er sprach. Ich sah ihm ohne Verstehen in die Augen. »Und wie kommen Sie dann hierher?«

»Mit einem Pferd.« Er lachte.

»Sind Sie ein Konditionierter?« »Ja, das bin ich.«

»Und warum haben Sie keinen Ernteschein?«

»Vor einem Monat waren drei in meinem Dorf und haben Zuckerrohrsamen gebracht und uns versprochen, wir könnten hier in der Not Hilfe bekommen.«

»Dann hätten Sie aber einen Saatschein.«

Langsam wurde ich zornig.

»Ich habe keine Scheine, sondern ein krankes Kind zu Hause«, sagte ich laut, »und ich brauche einen Heiler.«

»Wann waren die Botschafter bei Ihnen?«

»Vor zwei Monden.« »Moment bitte«, er blätterte in einem Ordner und gab mir dann einen grünen Zettel. »Gehen Sie bitte dort hin. Ist im zweiten Stock.«
Als ich die Treppe hochging und durch den leeren Korridor, roch ich wieder den Staub ohne Leben, der in der alten Zeit so häufig war. Es war der Geruch von Tod und Macht. Im Zimmer, zu dem man mich gesandt hatte, saß einer von den dreien, die damals zu uns gekommen waren. Er erkannte mich.
»Ist eure Entscheidung gefallen?«
»Nein, aber wir haben einen Kranken.«
Ich beschrieb ihm die Zeichen von Turturs Krankheit, und er nickte wissend. »Wir werden euch helfen. So, wie du es beschreibst, muß es diese atypische Lungenentzündung sein, die sich in letzter Zeit verbreitet hat. Eine Medizin, die wir vor einiger Zeit aus einer Fabrik geholt haben, ist dagegen wirksam. Ich werde einen Doktor auftreiben, der mit dir hinfährt. Wie bist du hergekommen? Zu Fuß?« »Nein, mit dem Pferd.«
»Das Pferd können wir auf die Ladefläche laden. Aber eins mußt du mir versprechen: daß ihr mit der Saat anfangt, sobald der Sohn gesund ist.«
»Ich kann doch nicht einfach . . .«
»Du kannst sehr wohl . . .« Ich schwieg. Der Mann bot mir ein leeres Krankenzimmer zum Übernachten an, weil, wie er sagte, »die Teams nicht nachts fahren«. Ich lehnte ab und verzog mich mit meinem Schlafsack auf eine Wiese in der Nähe des Hauses.
Am nächsten Tag stiegen ich und ein Doktor in einen der Lastwagen. Der ganze vordere Teil des Fahrzeugs war mit medizinischen Apparaten vollgestopft.
Der Wagen ratterte über Feldwege, dann wieder über Straßen, die noch nicht verwachsen waren. Der Arzt schien die befahrbaren Wege genau zu kennen. Es war ein bärtiger, breiter Mann mit Brille. Er sah so aus, als würde er gerne reden. Ich war neugierig und konnte mir einige Dinge nicht erklären.
»Habt ihr etwa mit der provisorischen Notstandsregie-

rung zu tun, die versucht, die Menschen in große umzäunte Lager zu bringen?«, fragte ich ihn.
Er lachte. »Unsinn. Das sind nur ein paar Supernormalos, die bis heute noch nicht aus den Bunkern herausgekommen sind. Sie schicken ein paar Uniformzombies herum und machen seit Jahren nichts anderes als Volkszählungen und Aufrufe zu Recht und Ordnung. Die meisten wehren sich. Deshalb kommen sie in letzter Zeit in normalen Kleidern.«
»Was wollt ihr, außer Zuckerrüben, von den Clans?«, fragte ich weiter.
»Wir versuchen einfach, Voraussetzungen für den ›Umbau‹ – so nennen wir das – zu schaffen. Das heißt, Medizin und Kraftstoff bereitzustellen. Nicht mehr und nicht weniger. Außerdem hat es Gruppen gegeben, die sich ihren eigenen Kreislauf nicht bauen konnten. Sie leben immer noch von Konserven und vergiften sich damit. Hier helfen wir.«
»Als ich das Training machte«, sagte ich, »wurde mir gesagt, daß die Organisation keine Ordnungsmacht ist, daß sie nur versucht, die Grundsätze zu verbreiten und sonst nichts. Das, was du sagst, klingt anders.«
Er lachte. »Wir denken immer noch wie damals. Wir haben nur einige Zentren in den Regionen, wo wir die Medizinvorräte zusammentragen. Wir greifen nur ein, wenn es zu hart kommt . . .«
»Eingreifen bleibt eingreifen«, beharrte ich.
»Ich will dir ein Beispiel nennen: Die Transformatorengruppe A hat durch ihre technischen Fähigkeiten einen Überschuß erwirtschaftet, mit dem sie die verwirrten Normalos B, die gleich nebenan leben, erpressen kann. Da die Normalos von den Transformatoren abhängig werden und einige ungünstige Umstände dazu führen, daß die Gruppe A etwas faul wird und einige ›B-ler‹ auf ihren Feldern arbeiten läßt, stützen wir die ›B-ler‹, damit sich daraus keine Sklaverei entwickelt. Wir bringen den Normalos eben bei, wie man Ackerland bebaut. Alles ist innerhalb der Grundsätze. Wenn wir zum Beispiel auf

einen Streit treffen, wo geschossen wird oder Sklaverei herrscht, unternehmen wir nichts. Wir haben die Erfahrung gemacht, daß sich so etwas schnell selbst regelt, wenn es nicht mehr zu holen gibt als ein geschlossenes Ökosystem.«
Mir kamen damals diese Erzählungen zu klug vor. Sie verwirrten mich. Nach langer Fahrt erreichten wir unseren Weiler. Der Heiler untersuchte Turtur und ließ uns Medizin da. Turtur war noch lange krank, aber schließlich erholte er sich, ohne daß etwas blieb.

Der nächste Winter kam. Bevor es fror und der erste Schnee fiel, eggten Joel und ich mühsam ein Stück Land und brachten den Zuckerrübensamen in die Erde. Pißnelke redete kein Wort mehr mit uns, und im Clan entstand ein Graben. Wir teilten die Vorräte in zwei Teile und sprachen wieder von Eigentum.
Es war ein harter Winter, härter als die beiden vorangegangenen. Zwar gab es genug Wild für die Jagd, aber unsere Patronen waren aufgebraucht oder unbrauchbar. Noch niemand von uns hatte einen schnellen Bogen mit Pfeilen herstellen können, und man mußte sehr geschickt sein, um damit ein Tier zu erlegen. An Wärme mangelte es nicht, wir hätten mit Holz aus den Wäldern hundert Clans wärmen können. Es gab sogar gebrannten Alkohol, denn im Keller des einen Hofes hatten wir schon bei der Ankunft eine Destillieranlage gefunden. Das heißt, für die meisten gab es dieses Rauschmittel, aber nicht für uns Konditionierte, mit Ausnahme von Pißnelke. Er war mit seiner Gruppe derjenige, der über den Brenner verfügte, und er gab uns nichts ab.
Im Winter zwischen dem dritten und vierten Jahr gingen unsere Vorräte aus der alten Welt zu Neige. Wir hatten uns, solange es noch Treibstoff gab und die Krankheiten gering waren, in einer großen Anstrengung mit Vorräten versorgt, die in den vielen leeren Häusern und den wenigen noch ungeplünderten Läden der Umgebung herumlagen. Wir hatten ganze Wagen voll Seife, Kerzen,

Ölen, Stoffen, Streichhölzern und Feuerzeugen, Werkzeugen, Nägeln und Schrauben, Plastikschüsseln, Papier und Schreibwerkzeugen, Gewürzen und Salz, ja sogar Musikinstrumente zusammengetragen. In diesem Winter hatten wir keine Seife mehr, und wir versuchten, aus dem Fett einer geschlachteten Ziege etwas Ähnliches zu sieden, aber es mißlang. So wuschen wir uns eine Zeitlang mit einem blauweißen Pulver aus der alten Zeit, bis auch das zur Neige ging. Von da an war das Waschen eine Sache der Wurzelbürsten, die wir noch ausreichend hatten. Wenn wir Kleider wuschen, rochen diese vorher genauso wie nachher.

Auch die Nahrung wurde zum Problem. Der Kaffee war ausgegangen, und den Tee hatten wir freiwillig eingeteilt. Die Ziegen gaben auch im Winter ein wenig Milch, aber der Heißhunger nach frischen Eiern wurde immer stärker. Der Ziegenkäse war uns widerlich geworden. Die wenigen Kühe, die überlebt hatten, waren in der Hand von Pißnelke.

Sorgen drückten uns. Die Arbeit des Herbstes – die Ernte und die Konservierungszeit – nahm kein Ende. Im Dezember war die Hälfte unseres eingemachten Gemüses unbrauchbar geworden, weil die Gummiringe nach vier Jahren Benutzung rissig waren und wir keine neuen finden konnten. Wir aßen drei Tage lang Gemüse, aber dennoch verdarb uns ein großer Teil der Vorräte.

Mitte Februar kam der Hunger. In den Hülsenfrüchten hatten sich fette Maden eingenistet. Wilde Hunde hatten im Ziegenstall gewütet und drei kleine Ziegen getötet und zwei ältere verletzt, die daraufhin keine Milch mehr gaben und bald verendeten. Ihr Fleisch war zäh.

Als der Frühling kam, hatte sich der böse Geist der Gleichgültigkeit über das Dorf gesenkt. In Pißnelkes Gruppe wuchs immer noch der Haß gegen uns.

Carla ging eines Tages in die Wälder und kam erst eine Woche später hungrig und krank zurück.

Ich weiß nicht mehr, wie wir diese Zeit überstanden, ohne daß die Stimmen des Todes über uns die Herrschaft gewannen. Im Sommer kam ein Lastwagen der Organisation und holte die Zuckerrüben, die prächtig gewachsen waren. Sie hinterließen uns einen ganzen Tank voll Treibstoff. Wenig später tauschten wir mit Pißnelke einen Teil davon gegen Trinkschnaps, und wir versöhnten uns. Wir begannen, mit den Gruppen der Nachbarschaft Dinge zu tauschen, und im Herbst gab es ein Erntedankfest im Weiler, zu dem fahrende Sänger erschienen, auch Trödler und Händler aus der Nachbarschaft. In jenen drei Tagen des Festes vergaßen wir die Krankheit des letzten Winters. Aber neue Zeichen tauchten auf, und ich erinnere mich noch gut an den Vortrag eines reisenden Geschichtenerzählers.

»Oh meine Brüder und Schwestern der neuen Zeit, die ihr die Äcker bestellt. Mitglieder aller Clans zwischen den Wäldern, hört, was ich euch zu sagen habe.

Die Kräfte der seelenlosen Welt werden ihr Haupt erheben und uns erneut ins Verderben schicken. Laßt mich berichten, was ich jenseits der Wälder sah, in der Ebene des Mains, wo die Reste der großen Stadt den Ratten Unterschlupf gewähren. Fabriken sah ich da und Uniform-Zombies, die die Menschen bewachten. Ich sah die Zeichen des Vergangenen, wie es seine stinkenden Spuren in die Lüfte setzt. Und ich sage euch, die Vorboten des alten Todes sind bereits in diesen Tälern angelangt. Sie tragen das Zeichen der Güte, aber es ist eine Täuschung, die euch die Sinne verwirrt. Der Rote Kreis mit dem schwarzen Punkt hat euch glauben gemacht, ihr könntet eure neugeborenen Kinder vor den Krankheiten retten. Aber ihr rettet sie nicht vor der Krankheit, die in euren Herzen sitzt, denn diese Krankheit ist mit Medizin nicht heilbar. Es ist der Haß, der in euren Herzen sitzt wie ein mutiertes Tier, das keine Arme und Beine hat und dennoch lebt.«

So oder so ähnlich sang der Sänger, und wir verstanden seine Worte schlecht. Trotzdem ahnten wir, daß er recht hatte. Etwas war nicht zu Ende gebracht. Ein Groll lag in uns, der seine Tat nicht fand, ein Haß, der in unseren

Herzen gefangen war. Pißnelkes Gruppe war noch stärker von dieser Krankheit befallen, gegen die auch die Fabrikmedizin nicht half. Sein Clan war zerstritten, und auch er konnte nichts tun, obwohl er ein Auserwählter war, der viele Menschen gerettet hatte. Seine Leute vernachlässigten das Land und schlugen sich immer öfter untereinander.
Im Frühling des fünften Jahres gab uns die Organisation zu wenig Medizin. Im Dorf tobte eine schwere Grippe, aber obwohl wir viele Zuckerrüben abgeliefert hatten, bekamen wir nur einige wenige Tropfen. Sie sagten, sie hätten nicht mehr.

Dann kamen die Uniform-Zombies. Sie hatten Waffen und wollten uns registrieren. Das sagten sie jedenfalls, in Wirklichkeit plünderten sie unsere Speisekammern und versprachen uns die Medizin, die wir brauchten. Sie sprachen von »Programmen« und wollten uns überreden, mit ihnen zu kommen und dabei mitzuhelfen. Wir wußten, was das hieß: Wir sollten in Fabriken arbeiten. Wir wußten auch, daß es nicht wenige von den Nachbarclans gab, die mit ihnen gezogen waren. Das waren vor allem diejenigen, die schlecht gewirtschaftet hatten und unter Hunger und Krankheit litten. Aber bei uns im Weiler wollte niemand mit ihnen gehen, und sie zwangen uns auch nicht mit Waffen, sondern fuhren mit ihren schweren Kraftstoffwagen und einem Teil unseres Gemüses davon.
Die Zombies kamen nicht wieder und brachten auch keine Medizin. Aber bald kam ein Bote mit einem fürchterlich krachenden Gefährt. Er hatte einen großen Speer mit bunten Wimpeln, den er in die Mitte des Dorfplatzes steckte. Er erzählte uns viele schreckliche Geschichten vom Wüten der Zombies und von Weißhäuten, die sie befehligten. Von überallher seien die Krieger der Clans unterwegs zum versteckten Lager der obersten Weißhäute, die man die Unberührbaren nannte. Erst wenn sie tot seien, könnte die Erde wieder erwachen.

II

Wir waren dreizehn Krieger, sieben Männer und fünf Frauen. Nach langen Ratsgesprächen hatten wir uns entschlossen, mit den Pferden aufzubrechen, denn unsere Treibstoffwagen hatte der Rost aufgefressen. Joel blieb zurück, und sie weinte, als wir aufbrachen. Turtur, der Dreijährige, spielte am Bach mit den Jüngeren. Er merkte nicht, daß ich ging.

Reiner war dabei, auch Carla, die kein Kind mehr haben wollte und in deren Herz der Haß am wildesten brannte. Auch Pißnelke war im Zug, seine zwei Frauen und sein alter Gefährte Rudi, der Trunkenbold. Wir hatten fünf Gepäckpferde dabei, denn es würde eine lange Reise werden.

Wir hatten einen Tag lang vor der Abreise das Totenschweigen angestimmt, und der ganze Clan hatte unter der Ulme gesessen und nachgedacht, wohin die Wege führen, wenn man tot ist. Seitdem im vierten Jahr eine Frau des Clans an den Krankheiten gestorben war und die alte Angst uns zu überschwemmen drohte, hatten wir diese Zeremonie, und wir benutzten dabei Cannabis, das im Weiler wie Unkraut wuchs.

Wir ritten die verwachsene Straße entlang, die hinunter ins Tal führte, ohne uns umzusehen.

Die Transformatoren von der nächsten Siedlung waren auf ihrem Dorfplatz versammelt, als wir einritten. Dies war ein erstaunlicher Clan. Sie verstanden es, Wärme ohne Verbrennung zu erzeugen, und sie betrieben eine große Werkstatt, wo sie Kollektoren bauten, deren Material sie gesammelt hatten. Auch sie gingen zu Pferde, obwohl ihre Laster zu den besten der Gegend gehörten. Es war wohl Höflichkeit, die sie dazu veranlaßte.

Unter dem Schweigen des Clans, der viel größer war als unserer, zogen wir über die Dorfstraße, und die Krieger lenkten ihre Pferde in unsere Reihen. Wir sahen, daß sie Gewehre hatten und Munition.
Unsere Karawane bestand nun aus fünfzig Kriegern, und wir ritten durch das Tal, wo die Einsiedler hausten, die sich mit ihrem Haß zufriedengaben und sich in ihren Häusern versteckten, als sie uns kommen sahen.
Auf der Ebene, die sich bis zu den Hängen der größeren Wälder erstreckt, zogen wir durch andere Dörfer, deren Krieger sich uns anschlossen, so daß wir schließlich so viele wurden, daß ich die Spitze und das Ende des Zuges nicht mehr sehen konnte. Da waren die buntgekleideten Gestalten der Transformatoren, die muskulösen Körper der Zeltleute, die sich schon damals in Felle kleideten, und die älteren, übergelaufenen Normalos, die aussahen wie die, die wir in früheren Zeiten Hippies nannten. Die Vorhut hatten die Transformatoren übernommen, und sie führten uns sicher über die neuen Feldwege und verwachsenen Asphaltbänder in Richtung Nordosten. Im Zug waren jetzt auch Traktoren, Lastwagen, sogar ein Fahrzeug, das sich wie eine Raupe bewegte.
Gegen Abend erreichten wir einen Hügel, von dem man das Band einer Autobahn sehen konnte. Wir spürten, daß darauf gefahren wurde, auch wenn wir kein Fahrzeug sahen. In einem Eichenwald lagerten wir für die Nacht. Ich wurde vom Clan in den Reiserat geschickt und setzte mit den Zeltleuten durch, daß wir diese Nacht keine Feuer entzündeten, sondern die Krieger von ihren Trockenvorräten aßen. Die Nähe der Autobahn erschien uns zu gefährlich.
Als die Dunkelheit die Bäume zu Schatten werden ließ, kam ein Bote ins Lager, der unserer Spur gefolgt war. Wir versammelten erneut den Rat, und der Bote berichtete, daß Uniform-Zombies weiter südlich in einer verfallenen Raststätte ihr Lager hatten. Sie sollten den Kriegerzug angreifen, der sich von der Flußebene her in Bewegung gesetzt hatte. Der Bote berichtete auch von

Kämpfen, die in der Flußebene stattgefunden hätten. Mehrere Fabriken seien niedergebrannt und die Sklaven geflohen. Sie seien in den letzten Tagen scharenweise in die Kriegerlager am Hang der Wälder oberhalb der Ebene gekommen, wo sich die Clans sammelten, denen die Uniform-Zombies schon viel Schaden zugefügt hätten. Der Bote mußte ein mächtiger Mann sein, denn er besaß ein Funkgerät und viele Batterien und stand so mit anderen Boten in Verbindung. In der Nacht wurden wir wach, denn wir hörten auf der Autobahn Motorengeräusche. Man sah nichts, denn Wolken hatten den Himmel verdüstert und die Wagen fuhren ohne Licht. Das Geräusch versetzte uns in Furcht und stärkte doch unseren Haß, denn es war das Geräusch von Panzerketten.

Der Weg des nächsten Tages führte durch die Landschaft, die früher Westerwald genannt wurde. Viele kleine Weiler mit Zeichen des Lebens lagen an unserer Spur. Ritten wir durch ein Dorf oder kamen wir auf Sichtweite heran, so winkten uns Frauen und Kinder. Wir sahen nur wenige Männer, und sie zeigten in die Richtung unseres Zieles, um uns zu sagen, daß die Krieger der Dörfer schon vor uns aufgebrochen waren.

Gegen Mittag vereinigten wir uns mit einem anderen Zug, der weiter von Süden kam. Wir sahen Spuren von Armut und Krankheit auf den Körpern und den aufrechten Stolz der Geschlagenen in den Gesichtern. Von nun an hatte ich Mühe, mich in der Nähe meines Clans zu halten, denn wir ritten mit mehreren Pferden nebeneinander auf den Wegen, und während die Nachhut rastete, zog der Mittelteil des Zuges weiter, so daß wir die Transformatoren aus dem Nachbardorf aus den Augen verloren. Diese Nacht verbrachten wir auf einer offenen Wiese und zündeten Feuer an. Beinahe dreihundert Krieger lagerten in friedlicher Unordnung durcheinander. Ein nahes Dorf brachte uns Fleisch, und wir brieten eine halbe Kuh über dem Feuer, was für jeden nicht mehr ergab als einen Biß. Doch Hunger litten wir nicht:

Unsere Satteltaschen waren übervoll mit Nüssen, Trockenfleisch und Gemüsen.

Am Abend des fünften Tages erreichten wir die Hügel über dem großen Fluß. Soweit das Auge reichte war das Wasser mit Booten bedeckt. Nach dem ersten Schrecken erkannten wir, daß es die Schiffe von Kriegern waren, auch wenn manch eines die Farbe der Uniform-Zombies hatte. An beiden Hängen des Flusses entstanden große Lagerstätten, Tausende von Zelten, aus denen Rauch zum Himmel stieg. Auf der Straße am Flußufer fuhren Lastwagen mit Kriegern und mit großen Kisten umher. Eine kleine Stadt am anderen Ufer, die in Trümmern lag, wimmelte von Menschen.
»Ich habe seit sieben Jahren nicht mehr so viele Menschen gesehen«, sagte ich zu Pißnelke, der sein Pferd neben mir zum Stehen gebracht hatte. »Es müssen Tausende sein«. »Es werden noch mehr werden.«
»Nur eins verstehe ich nicht. Ich dachte, der Kampf ist schon in vollem Gange.«
»Verstehe ich auch nicht.«
Wir schlugen unsere Zelte auf der Terrasse eines alten Weinfeldes auf. Der Boden war steinig, und wir hatten Mühe, die Tipistangen richtig zu verankern. Die Pferde grasten, und der Clan machte sich ans Kochen. Carla und ich wurden als Informationsboten bestimmt.
Wir machten uns auf den Weg, eine Stätte des Rates zu finden, von der die Boten gesprochen hatten. Krieger und Kriegerinnen lagen am Flußufer und rauchten, als sei hier keine Schlacht in der Vorbereitung, sondern ein Fest. Auf der Straße fuhren auch Krieger mit Fahrrädern. Wir sahen viele Schweigekreise, viele Spuren von Krankheit, viele fremde Bemalungen und fragten endlich einen älteren Krieger nach dem Ratsplatz.
»Wo lagert ihr?«, fragte er zurück.
»Dort oben am Weinberg.«
»Dann ist euer Platz auf der anderen Seite des Flusses in der Stadt.«

»Sag uns, warum wird nicht gekämpft?«
»Ich weiß es nicht. Es heißt, die Uniform-Zombies seien sich nicht einig. Sonst hätten sie angegriffen. Man will mit Gesandten verhandeln.«
»WAS?«
»Ja, mit Gesandten. Ich sage euch: das gäbe Krieg unter den Clans. Wir sind alle gekommen, um zu kämpfen, nicht um zu verhandeln.« Wir pflichteten ihm bei.
Einige hundert Meter weiter lag ein Schiff. Es brachte uns ans andere Ufer. Wir legten an der Mauer an und betraten die Gassen. Druckwellenspuren hatten vor Jahren viele der alten Häuser krumm gemacht, und einige waren eingestürzt. Händler tauschten Wein und Gemüse gegen Gefäße und Decken, wir sahen Stände mit Medizin und farbige Buden von Zauberern und Artisten. Auch Ersatzteile für Bilder- und Musikkisten wurden angeboten. Nichts deutete auf Krieg hin, außer den Bemalungen und Waffen. Auf einem Platz in der Mitte der Stadt, wo zwischen Kopfsteinpflaster Gras und Strauch hervorkam, stand ein rundes Zelt mit roten und weißen Streifen. An seiner Spitze flatterte der Wimpel mit zwei gekreuzten Schwertern und der kleinen Pflanze. Es war das Zeichen des Feldzuges, die Fahne, die auch an der Spitze unseres Reiterzuges geführt worden war.
Am Eingang standen zwei Krieger in den bunten Farben der Transformatoren. Als wir hinein wollten, fragten sie, ob wir Gesandte seien.
»Wir vertreten fünfzehn Krieger«, sagten wir.
»Fünfzehn nur? Das ist wenig. Wo stehen eure Zelte?«
Wir zeigten auf den Hügel auf der anderen Seite des Flusses, und einer der Wärter entrollte eine Karte, auf der er die Stelle mit einem Kreis und einer 15 markierte.
»Ihr könnt jetzt reingehen. In wenigen Minuten beginnt ein Rat.«
Drinnen warteten andere Clanführer und Abgesandte. Dann erschien ein Krieger in schwerem Leder und entrollte eine Karte, die er an einer Verstrebung des Zeltes aufhängte.

»Wann beginnt es?«, wollte einer der Abgesandten wissen.
»Ihr müßt Geduld haben. Ist jemand Neues da?«
Wir meldeten uns. Wir waren die einzigen.
»Wir haben gehört, es gäbe Verhandlungen«, sagte einer wütend. »Wer führt sie und zu welchem Zweck?«
Der Leder-Krieger räusperte sich und begann zu sprechen: »Die Lage in den Tälern ist unverändert. Bis jetzt hat kein Uniform-Zombie einen Schuß gewagt. Am Eingang des Ahrtals steht die Hauptkraft des Gegners unverändert. Wir warten, bis alle Krieger, die noch auf dem Weg hierher sind, eingetroffen sind. Einige kommen aus sehr entlegenen Regionen.«
»Wir wollen aber, daß der Rat den Kampf eröffnet«, sagte ein zornig dreinblickender Abgesandter, »und wir fürchten, daß der hohe Rat einen faulen Frieden vorbereitet. Die Boten aber haben uns gesagt, daß der Rat nur für den Kampf gewählt ist.«
»Es gibt Krieger im Rat, und zu denen gehöre auch ich«, erwiderte der Sprecher, »die der Meinung sind, daß wir uns viele tausend Tote ersparen können, wenn wir verhandeln.«
»Ich verstehe das nicht«, brummte der Zornige, »es gibt vielleicht noch fünftausend Zombies, die dieser lächerlichen ›Regierung‹ folgen. Wir könnten sie in einem einzigen Angriff samt ihrem Alte-Welt-Gebaren vernichten.«
»Du vergißt, daß es eine Menge verstörter Normalos gibt, die ihnen helfen, daß sie schwere Waffen haben und daß es noch mehr Zombies im Süden und Norden gibt.«
»Im Norden wird gekämpft, in der Mainebene auch. Und ihr haltet die Waffen für den Kampf zurück. Es sind schon Clans wieder auf dem Heimweg, so sagt man. Außerdem verlange ich zu wissen, wer verhandelt! Der Rat persönlich?«
Der Leder-Krieger zögerte einen Moment, dann sagte er: »Die Organisation des roten Kreises hat sich als Vermittler angeboten.«

»Der Medizin- und Treibstoff-Verein?«
»Ja.«
Im Zelt entstand ein Tumult. Der Krieger, der das Wort so hart geführt hatte, erhob sich von seinem Platz und brüllte: »Du kannst deinem Verräterrat sagen, daß von dieser Versammlung alle GEGEN Verhandlungen sind und daß wir uns einen eigenen Rat wählen werden!«
Wir verließen mit den streitenden Abgesandten das Zelt. Sie verstreuten sich, wahrscheinlich um ihren Clans die Neuigkeiten weiterzugeben. Carla und ich waren verwirrt. Ich tauschte eines von den vielen Feuerzeugen, die ich mitgenommen hatte, gegen Trauben ein.
Ich weiß nicht, wie lange wir schon in der Stadt herumgingen und Tauschwaren befühlten, als ich eine Gestalt vor mir sah, die ich kannte.
Es war Boris. Wir brüllten vor Freude und fielen übereinander her. Fast hätten wir uns erdrückt. Plötzlich stand auch Jennifer neben uns, die aus dem Gewühl aufgetaucht war. Wir ließen unseren Tränen freien Lauf und setzten uns dann auf einige Bänke, wo man ohne Tausch Wein trinken konnte.
»Erzählt!«, drängten wir die beiden.
Die beiden waren wegen eines Ersatzteils ins Dorf gegangen. Als sie zurückkamen, wurden sie mit Waffen bedroht, als sie die Schleusentür öffnen wollten. Es waren vier Normalos in Todesangst. Sie wußten, daß zuviel Strahlung durch ihren Körper gegangen war. Aber sie waren immer noch Mensch genug, Boris und Jennifer laufen zu lassen und ihnen noch zu sagen, wo sie ein Treibstoffahrzeug finden würden. Sie hatten sich dann gleich auf den Weg gemacht, aber ihr Anzugssauerstoff reichte nicht weit. So mußten sie Außenluft atmen, bevor sie den Rand der toten Zone erreichten. Sie hatten trotzdem nicht viel abbekommen, weil an diesem Tag kein Wind wehte, der den Todesstaub in die Luft getragen hätte. Nach einer langen Reise hatten sie weit im Süden eine Transformatorengruppe gefunden, die sie tolerierte und schließlich aufnahm.

Wir tranken Wein, bis wir den Krieg vergaßen, für den wir gekommen waren.
Am Abend baten Boris und Jennifer, während der kommenden Zeit ihr Lager bei unseren Zelten aufschlagen zu dürfen – und so verbrachten wir die Tage vor der Schlacht gemeinsam.
Man munkelte, daß es inzwischen einen harten Kriegsrat gäbe und der alte Rat von den meisten Clans abgelehnt wurde. Und man sprach von einer gewaltigen Ratsversammlung aller Krieger am Abend des übernächsten Tages.
Wir hatten bis jetzt nur einen kleinen Teil des großen Kriegerlagers gesehen, der sich an den Ufern des Flusses entlangzog. Keinen einzigen Zombie hatten wir zu Gesicht bekommen. Wir beschlossen, auf das Angebot eines Gauklers einzugehen, der ein Besichtigungsschiff unterhielt und für kleine Gaben den Fluß herauf- und herunterfuhr.
»Kommt, ihr edlen Krieger«, brüllte er vom Deck des Kutters, der an der Mauer der Stadt vertäut lag, »und überlaßt euch der Führung eines klugen Mannes. Seht die Clans, die euch noch unbekannt sind, seht unsere Stärke und die feigen Zombies, die hinter ihren Panzerwagen auf die Befehle ihrer Führer warten. Kommt und seht, bevor die Kugeln die Luft verdunkeln und wir sie für die Fische in kleine Stücke reißen!«
Etwa zehn Krieger paßten auf das kleine Boot. Eins meiner Feuerzeuge, ein Armreif von Carla und ein Hemd von Boris und Jennifer waren dem Gaukler genug. Auf dem Fluß drängten sich Barkassen und Kutter. Man sah mit Kartoffeln und Gemüse beladene Boote und zwei große weiße Schiffe mit Gewehren. Es schien Treibstoff zu geben, denn keines der Boote bewegte sich mit Segeln.
Langsam tuckerten wir im flachen Teil des Flusses stromabwärts, durch schwimmende Krieger hindurch, die uns die Faust zeigten, eine Geste, die als Begrüßung üblich war. Ein Stückchen unterhalb der Stadt machte der Fluß eine Biegung, und die Zeltlager mit ihren

Rauchfahnen wurden spärlicher. Der Fluß weitete sich jetzt zu einem See, und die Pflanzen an den Ufern wurden selten und grau. Hier war vor sechs Jahren ein Großes Licht explodiert und hatte einen Krater gerissen, in den das Wasser nachgeströmt war. Am linken Seeufer mündete ein Fluß in den See – die Ahr –, und er floß durch die Lücke in einer Mauer, die so hoch war wie zwei Männer und so grau wie die alte Zeit. Panzerwagen standen davor und Wachtürme dahinter. Von Ferne hörte man das Knattern von Hubschrauberflügeln. Die Mauer zog sich auf beiden Seiten des einmündenden Tals in die Höhe und lief dann auf den Hügeln entlang, die sich vom Strom entfernten und stumpf waren wie Asche.
Auf der anderen Seite des Sees, zu unserer Rechten, saßen Tausende von Kriegern am Ufer. Sie saßen und standen schweigend da, starrten auf die Befestigungsanlagen des anderen Ufers. Eine Spannung ging von ihnen aus, so, wie wenn eine Bogensehne dazu bereit ist, den Pfeil zu entlassen.
»Seht nur, seht nur!« schrie der Gaukler, der vorne im Boot auf dem Verdeck herumhüpfte und gekleidet war wie ein Hahn. »Seht, wie die Zombies sich eingemauert haben, seht, wie sie sich verkriechen in ihren Eisenschatullen, wo sie doch die ORDNUNG wiederherstellen wollen. Seht, wie sie den Schwanz einziehen, wo sie doch so mutig sind, den Clans die Lebensmittel zu rauben! Zu faul sind sie, einen Acker zu bebauen, darum sollen wir es für sie tun! Und wenn wir ihnen Kartoffeln gebracht haben, dann müssen wir auch noch in ihren Fabriken arbeiten! Sie sagen, sie wollen uns Froschhaut geben, aber mit ihrer Froschhaut kann man nichts anfangen, sie macht die Seele kaputt. Tod den Zombies und den fetten Unberührbaren! Schlagt sie und die dummen Normalos, die sie immer noch unterstützen!«
Ich hatte ziemliche Angst, denn der Gaukler schrie so laut, daß man es bis zum anderen Ufer hören mußte.
»Warum greifen die nicht an?«, fragte ich Boris, der neben mir auf den Planken saß. »Sie könnten uns alle

vernichten mit ihren Waffen, ohne daß wir auch nur einen Schuß abfeuern.«
Boris lachte. »Wie sollten sie. Sie können nur verhandeln. Für ihre Pläne brauchen sie uns, und wenn sie uns alle töten würden, hätten sie niemanden mehr, der eines Tages wieder ihre Maschinen bedient. Das hier ist ein Zehntel der gesamten Menschen des Landes.«
»Und wer sind die ›Unberührbaren‹?«
»Das sind die Hypernormalos, von denen die Zombies ihre Befehle kriegen. Sie hocken einen Kilometer weiter hinten in ihrem Bunker und zittern! Man sagt, daß sie seit sechs Jahren nicht rausgekommen sind, weil ihnen ihr schönes weißes Fleisch zu schade für die paar Millirem ist, um die sich die Strahlung erhöht hat. Ich sage dir eines: Wenn wir sie nicht töten, werden wir keine Ruhe haben.«
Das Boot tuckerte weiter stromabwärts und verließ den See. An den Hängen tauchten wieder Camps auf, und auf den Uferstraßen wimmelten die Krieger. Es waren ähnliche Krieger wie stromaufwärts, aber wir sahen mehr Spuren der Strahlenkrankheit auf den Gesichtern der Badenden.
»In diesem Teil des Camps lagern meist die Clans aus den nördlichen Regionen«, sagte Boris, der anscheinend alles wußte, »und da ist vor sechs Jahren mehr Großes Licht heruntergekommen, wie du weißt.«
»Dann müßten die hier ja noch mehr Haß haben als wir.«
»Wahrscheinlich. Es sind viele Kamikazes darunter. Sie haben nicht mehr lange zu leben und werden kämpfen, um dabei zu sterben.«
»Falls es zum Kampf kommt.«
»Es kommt. Ich spüre es.«
Am Abend des nächsten Tages, den wir mit Schießübungen im nahen Wald verbrachten, nahm der Verkehr auf dem Strom zu. Man hatte eine Wiese außerhalb der kleinen Stadt für die große Versammlung vorbereitet. Zum erstenmal sahen wir wieder die Türme einer Verstärkeranlage und die Mäuler von Lautsprechern.

Durch den Feldstecher, den Boris besaß, konnte ich beobachten, wie einige Krieger Mikrofone mitten auf der Wiese aufstellten und lange Kabelschlangen entrollten. Eine Bühne konnte ich nicht erkennen. Die Lautsprecher wurden in einem großen Kreis aufgestellt. Der Platz füllte sich bereits, als wir mit einer Fähre übersetzten, die sich langsam zwischen den großen Schiffen hindurchmanövrierte, welche von den Camps am unteren Flußlauf die Krieger heranbrachten. Viele trugen jetzt Waffen.
Als es dunkel wurde, entzündete man Fackeln. Sie waren an Pfählen über den Mikrofonen befestigt. Boris, Carla, Jennifer und ich versuchten, den Rest des Clans nicht zu verlieren. Das war fast unmöglich, denn bald entstand ein unübersehbares Gedränge und endlich ein gespanntes Schweigen. Immer mehr Krieger drängten auf den Platz. »Wie viele mögen es sein?«, fragte ich Boris.
»Weiß nicht. Fünfzig- bis hunderttausend vielleicht. So viel wie bei den großen Märschen in der alten Zeit.«
In das leise Raunen der Krieger schob sich jetzt der Ton der Generatoren, die am Flußufer aufgebaut waren, aber so weit weg, daß sie die Sprecher nicht übertönen konnten.
»Wer wird das Wort ergreifen?«, fragte ich weiter, als wir uns auf dem Gras niederließen.
»Mitglieder des Rates und des Gegenrates.«
»Ich hoffe, daß hier kein Unglück geschieht.«
Boris sagte nichts.
Es wurde ganz dunkel. Der Mond ging über den Flußhügeln auf. Ein Krieger stieg auf eines der Mikrofonpodeste. Die Anlage jaulte und piepste, dann klang seine Stimme hallend durch die Lautsprecher.
»Ich bin ein Zentralisator des größten Clans, der hier vertreten ist«, sagte der Krieger, »und ich gehöre keinem Rat an. Ich möchte dennoch die Versammlung eröffnen. Ich möchte euch sagen, daß die Streitigkeiten, die zwischen uns herrschten, nicht unsere Seelen töten dürfen. Wir haben den Haß in uns, aber wir haben auch Hoffnung, daß die Zombies zur Vernunft kommen. Wir

wissen nicht, was richtig ist: der Kampf oder die Verhandlung . . .«
Ein Murmeln ging durch die Menge.
». . . und niemand soll behaupten, er wisse es mit letzter Gewißheit. Ich bitte euch alle, eine Minute die Stille einkehren zu lassen, bevor wir das Wort den Räten erteilen. Danach werden die Schwingungen unsere Entscheidung treffen.«
Und tatsächlich senkte sich Stille über die vielen tausend Krieger, eine Stille wie nasse Erde.
Dann begann die Rede des ›alten Rates‹. Eines seiner Mitglieder sprach davon, daß genug Tod über die Welt gekommen sei und daß die ›provisorische Regierung‹ zu Zugeständnissen bereit wäre. Niemand dürfe mehr gegen seinen Willen in Fabriken verpflichtet werden, nur einige kleine Zonen werden für das Industrie-Programm freigegeben, und die Zombies würden keine Uniformen mehr tragen.
Es gab wenig Beifall. Ein Krieger des Gegenrates ging ans Mikrofon.
»Clans und Einsiedler, wir haben die Stimme des Verhandlungsrates gehört. – Drei Brüder meines Clans waren im letzten Herbst krank. Es war die Zeit, als die Zombies durch die Dörfer fuhren und Nahrung erpreßten. Viele von euch wissen nicht, daß es auch Tote gab. Daß den Zombies Widerstand entgegenkam, wo sie nicht auf Wehrlose trafen. Als sie in mein Dorf kamen, hatten wir keine Medizin. Die Zombies gaben uns keine Medizin, obwohl ihre Wagen voll davon waren. Weil wir keine Froschhaut hatten, mußten drei Brüder und Schwestern mit ihnen fahren und vier Wochen lang in einer Fabrik arbeiten. Sie kamen zerstört zurück. Ich sage euch: Es wird dabei nicht bleiben: Solange es Zombies gibt, werden sie versuchen, so weiterzumachen wie vor den Großen Lichtern! Solange sie sich auf der Erde herumtreiben, werden die Clans keine Ruhe haben! Solange sie da sind, wird die Angst unser Herz festhalten!«
Es gab viel Beifall für diese Rede.

Danach sprach ein Kamikaze mit müder und schleppender Stimme. Er sprach davon, daß sein Körper dem Großen Licht anheimgefallen sei und daß er bald auf dem Bett des Todes liegen werde.
»Die meisten von euch wollen das Große Licht vergessen, wenn es nicht allzu tief in ihren Körper eindrang. Aber das Gift der alten Zeit ist in jedem von uns. Es lebt und tötet weiter im Wasser, in der Luft und in den Seelen. Es hat die Gestalt der Unberührbaren angenommen.«
Die Krieger stampften mit den Füßen. Der alte Rat war in die Minderheit geraten, als der Mann im weißen Overall ein Mikrofonpodest bestieg.
»Krieger! Ihr erkennt mein Zeichen und die Kleidung meiner Organisation.«
Man hätte ein Samenkorn gehört, wenn eines auf den Boden gefallen wäre.
»Es sind viele unter euch, die nicht das Wissen erhalten haben, das Große Licht ohne Angst zu überstehen. Auch jene, die es nicht erhielten, wurden von den Wissenden unterstützt in den schlimmen Zeiten. Und sie erhielten Medizin. Und Treibstoff für die Fahrzeuge. Und den Stoff, aus dem unsere Kleider gemacht sind, der uns hilft, gesunde Kinder zu zeugen.«
Vorne am Rednerpult entstand Bewegung. Ich konnte nicht sehen, was vor sich ging. Boris bedeutete mir, nach vorne zu gehen. Wir drängten uns durch die Krieger. Auch andere waren in Richtung auf das Podest unterwegs.
Der Redner fuhr fort.
»Diejenigen, die ihr Uniform-Zombies nennt, haben große Verbrechen begangen, das ist wahr. Doch bedenkt auch das andere: Ihr wißt, daß die Krankheiten anhalten, doch daß die Medizin zu Ende geht. Ihr wißt, daß Kräuter und heilige Säfte nicht gegen Krankheiten dieser Art helfen. Wie also, so frage ich euch, sollen wir Medizin machen, um das Leben zu behüten? Wie sollen wir den Funken der neuen Zeit ausbreiten, wenn es keine Kleider gibt, die uns vor dem tödlichen Staub schützen?

Wie?«

Wir waren jetzt vorne angelangt, wo mehrere Krieger um das Podest herumstanden.

»Sie wollen den Redner töten«, zischte Boris mir ins Ohr. »Aber ich finde, wir müssen ihn reden lassen, denn es kann sein, daß er recht hat.«

»Ihr habt recht, wenn ihr sagt, die Uniform-Zombies sind gegen unsere Grundsätze. Ihr habt recht, wenn ihr sagt, daß sie das Große Licht über uns gebracht haben. Aber ihr denkt, sie sind mächtig, weil sie Waffen haben wie in den alten Tagen und weil sie die Clans ausrauben. Doch das stimmt nicht. Sie sind nicht mächtig, sie sind nur dumm. Auch sie werden zu der Erkenntnis finden, daß keine Weisheit mehr in den Plänen der Unberührbaren ist. Und dann bedenkt, daß sie viele Fahrzeuge haben, und viele Geräte, Geräte, die man braucht, um Medizin zu machen, um Kleidung zu machen. Dazu brauchen wir Fabriken und ihr Wissen.«

Die Menge erhob sich um uns herum. Ein Geschrei begann, und Fäuste wurden geballt. Die hundert Krieger, mit denen wir das Podest schützten, nahmen sich an den Händen.

»Bedenkt also in eurem gerechten Zorn«, rief jetzt der Sprecher, »daß die Zeiten, in denen die Grundsätze völlig rein werden, noch nicht gekommen sind. Die alte Welt hat uns etwas hinterlassen, was wir für das Leben nutzbar machen müssen. Wer das weiß, zügelt seinen Zorn. Wir alle . . .«

In diesem Moment peitschte ein Schuß durch die Rede. Ich sah das Mündungsfeuer. Es kam von einem Baum am Rande des Ratsplatzes. Die Kugel fuhr über unsere Köpfe und durchschlug den Körper des Redners. Sein weißer Overall färbte sich rot, bevor er zusammenbrach. Ein vieltausendköpfiger Schrei ging durch das Rund. Es erschien mir jetzt unwichtig, was der Redner gesagt hatte. Der Haß erstarkte aufs neue. Das Echo des Schreis kam von den Hügeln zurück. Die Menge begann, sich zur Stadt zu bewegen, wie ein Strom aus kochendem Sirup.

Wir vier waren mittendrin und klammerten uns fest aneinander.

Der Strom wälzte sich durch die Gassen der Stadt. Unten am Kai wurden Gewehre von Frachtschiffen geladen und an die Krieger verteilt. Es war offenkundig, daß der Gegenrat sich auf diesen Moment vorbereitet hatte. Krieger mit Megaphonen brüllten herum, und manche hatten kleine Funkgeräte, in die sie schnell hineinsprachen.
»Wir müssen raus aus der Stadt!«, schrie Boris, als es gelang, uns von dem Hauptstrom der Krieger in eine Nebengasse zurückzuziehen. »Ich bin sicher, daß die Zombies jeden Moment angreifen. Sie hatten bestimmt Botschafter auf der Versammlung.«
Nichts habe ich mir in diesem Moment mehr gewünscht als gute Organisation und einen Führer, dem wir hätten folgen können. Wir wunderten uns, als wir Standarten sahen und wohlgeordnete Kriegerreihen, die hinter ihnen durch die Straßen zogen. In einer Reihe marschierender Krieger erkannten Boris und Jennifer Mitglieder ihres Transformatoren-Clans, und wir schlossen uns ihnen an. Es war ein Trupp von vierzig Kriegern, der den Weg in die Weinberge einschlug. Der Krieger, der die Standarte und die Fackel trug, kannte offenbar Weg und Ziel. Der Mond beleuchtete einen Schotterweg, der steil bergauf führte.
Als wir fast auf dem Kamm angelangt waren, kamen Hubschrauber über den Fluß auf die Stadt zu und leuchteten mit Scheinwerfern auf die Wasseroberfläche. Als der erste von ihnen die Stadt erreicht hatte, eröffnete er das Feuer aus einem Maschinengewehr.
Seit dem Ende des Rats waren keine zehn Minuten vergangen, und so waren die letzten Krieger noch nicht einmal in die Stadt gelangt. Unser Fahnenträger brüllte, wir sollten weitergehen, aber wir konnten nicht und starrten auf die Stadt, die wehrlos vor den Waffen der Hubschrauber lag.
Eine gewaltige Detonation zerriß die Luft, als der zweite

Hubschrauber eine Rakete abfeuerte. Ganze Häuser flogen auseinander und brannten. Wir hörten die Schreie der Verwundeten.
Dann schwirrten von der gegenüberliegenden Seite des Stromes leuchtendrote Pfeile durch die Luft und verglühten über unseren Köpfen in Feuerbällen. Einer in unserem Trupp wurde von etwas getroffen und sank nieder. Der erste Hubschrauber explodierte. Dann der zweite. Die anderen schossen nun mit ihren Raketen auf den Hügel, von dem die Abschüsse kamen, aber als von vielen verborgenen Orten das Feuer auf sie eröffnet wurde und zwei weitere Maschinen auf dem Boden aufschlugen, drehten die übrigen ab.
Ein Teil der alten Stadt brannte, auch einige Zeltlager an den Hügeln standen in Flammen.
Wir setzten unseren Marsch fort, und die Nacht wurde taghell. Vor uns bebte die Luft, und rote Leuchtkugeln fielen vom Himmel. Wir wußten, daß die Zombies noch einige Flugzeuge besaßen, die sie immer noch reparieren konnten, aber wir sahen nichts von ihnen.
Es dauerte eine halbe Stunde, bis wir den Ort der Schlacht erreichten. Vor uns stand die graue Betonmauer, die im Lichte vieler Feuer flackerte. Ein Panzer brannte neben einer breiten Lücke, die von den Kriegern in sie hineingesprengt worden war. Ein Wachturm brannte.

Von da an kann ich mich nicht mehr an alles erinnern. Ich weiß nur, wie wir über die Leiber von toten Kriegern und toten Zombies durch die Bresche stiegen. Ich erinnere mich an das Tal, das vor uns lag. Das Tal am Ufer des Flusses, der in den See einmündete, welchen das Helle Licht in den großen Fluß geschlagen hatte. Es gab einen Streifen in dem Tal, wo Flugzeuge landen und starten konnten, und Scheinwerfer erhellten die glatte Fläche aus dunklem Stein. Dann weiß ich noch, wie Jennifer starb, als eine Granate neben uns explodierte. Wir hörten sie heranfliegen, aber sie warf sich nicht auf den

Boden, sondern blieb wie im Traume stehen. Ich sehe noch ihr von Splittern entstelltes Gesicht.
Später lief ich mit Boris durch eine Wiese, und Kugeln schwirrten durch die Luft. Ich hatte einem toten Zombie die Maschinenpistole abgenommen und schoß auf die Uniformierten, die davonrannten. Es waren nur vier, und wir waren vierzig Krieger. Ich weiß noch, wie ich die Augen der Toten sah und das viele Blut, und dann begann ich mich zu erinnern. Es waren die Bilder, die aus der Tiefe meiner Seele aufstiegen und sich mit dem Lärm der Schlacht vermischten. Die Bilder verbrannter Körper und qualvoller Tode, die Bilder der Feuerstürme, das faulende Fleisch. Ich sah die Bilder, die man in meinen Kopf pflanzte, wo sie ein Loch der Leere brannten, die Bilder, die mich hart machen sollten, um mich auf das Große Licht vorzubereiten.
Ich wachte erst auf, als mich Boris anschrie und niederwarf und eine Gewehrsalve über meinem Kopf die Luft durchsiebte, in der ich eben noch träumend gestanden hatte.
Dann erinnere ich mich an jene Eisentür im Fels, die so groß war wie ein Himmel und glänzend und undurchdringbar. Wir waren an die fünfhundert Krieger, und wir standen davor mit unserem Haß wegen der verlorenen Brüder und Schwestern, die auf dem Schlachtfeld gefallen waren. Ich wußte, dahinter war das weiße Fleisch. Ich wußte, daß ich dieses Fleisch töten wollte.
Dann lag ich hinter einem umgestürzten Jeep zwischen vielen Toten, und es krachte, daß die Erde bebte, viel schlimmer als damals, als das Große Licht kam. Die große Stahltür war verbogen, und ein dunkler Spalt klaffte zwischen ihr und dem Fels. Ich war unter den ersten, die in die Höhle der Unberührbaren eindrangen. Als letzter der Freunde war Boris an meiner Seite. Vor uns sanken Krieger zu Boden, als aus der Dunkelheit Schüsse fielen. Wir nahmen die Lampen der Gefallenen und warfen schwarze Kugeln in den Gang, die mit Splittern töteten. Dann war es ruhig.

Immer mehr Krieger drängten in den abwärts führenden Gang. An seinen Wänden glühten kleine rote Lampen und ein Streifen, der grünlich leuchtete, auch wenn kein Licht darauffiel. Ein leises Summen lag in der Luft, und es roch nach verbrannter alter Welt.
Der Gang führte weit in den Berg hinein, und seine Innenwände waren glatt und seltsam bleich. Wir erreichten eine flache Höhle, an deren Decke armdicke Kabel und Rohre entlangführten. Darin standen schwarze Fahrzeuge, die glänzten und nie Rost gesehen hatten. An der hinteren Seite des Raumes waren massive Eisentüren, die wir mit Stangen aufbrachen.
Dahinter begannen weitere Gänge, aber sie waren kleiner und von elektrischem Licht erhellt. Zuletzt fanden wir eine Höhle, in der zitternde Weißhäute mit erhobenen Händen an der Wand standen, Höhlen, in denen es Bildschirme gab mit merkwürdigen Zeichen, vielen Knöpfen und Karten an der Wand. Merkwürdige Geräte standen herum, Speichergeräte, wie man sie auch heute wieder baut, nur viel, viel größer und nicht zu verstecken, so daß sie ganze Wände füllten.
Die Weißhäute, die da demütig um ihr Leben flehten, waren die Unberührbaren. Sie waren häßlicher, als ich sie auf den Bildern in Erinnerung hatte. Sie waren dick und glatt wie eine Schweinsblase. Sie schwitzten Wasser und fühlten sich an wie Pilze. Wir nahmen sie gefangen, und ich mußte einige eifrige Krieger davon abhalten, sie auf der Stelle zu töten. Wir fanden noch viele von ihnen in entlegenen Höhlen, und einige versuchten, sich zu wehren, worauf wir ihnen mit Messern die Kehle aufschnitten. Einige waren schon tot. Neben ihnen lagen leere Medizinschachteln.
Wir entdeckten Fässer mit Benzin und gossen es aus, und unsere Krieger verließen mit den Gefangenen die Höhle. Wir legten eine Spur bis hinaus zum Eingang und zündeten sie an. Bald schlugen Flammen aus dem dunklen Riß des großen Eisentors und ein fetter, schwerer Rauch verdüsterte die letzten Scheinwerfer.

Als der Morgen dämmerte und die letzten Zombies geflohen oder tot waren, versammelten sich die überlebenden Krieger am Fluß. Wir banden die Gefangenen an die letzten unbeschädigten Bäume. In einem kurzen Rat wurde beschlossen, die Unberührbaren mit Pfeilen umzubringen, denn es sollte ihnen kein schneller Tod gegeben werden.
Es war nicht mehr als die Hälfte der Krieger übriggeblieben, und wir berieten lange, wer die Gefangenen in den Tod schicken durfte. Es wurden diejenigen bestimmt, die im Bunker gekämpft hatten, und ich schoß viele viele Pfeile in das weiße Fleisch. Wir begannen, als die Sonne ihre ersten Strahlen über den Horizont schickte, und als die Scheibe der Sonne rund war, sahen die Unberührbaren aus wie Klettenfrüchte.

DAS war es, was ich euch erzählen wollte, nachdem einige von euch meine alten Aufzeichnungen gelesen haben und mir so viele Fragen gestellt haben. Viel mehr noch weiß Turtur, der es euch eines Tages genauer erzählen wird, wenn er weniger damit beschäftigt ist, die Fischbecken zu versorgen und eine Druckmaschine zu bauen.
Carla fand ich am nächsten Tag wieder – sie lag schwer verletzt im großen Lager der Kranken und erholte sich nie mehr vollständig. Sie starb im siebten Jahr, hier im Dorf.
Pißnelke überlebte, kam aber nicht mehr in unser Dorf zurück.
Reiner kennen einige von euch vielleicht noch aus der Zeit, als ihr kleine Kinder wart. Er verließ uns vor zehn Jahren, und niemand weiß, was aus ihm geworden ist. Vielleicht ist er in die Flußebene zurückgekehrt, denn er lebte gern inmitten vieler Menschen und träumte von einer großen Stadt ohne die Fehler der alten Zeit.
Und Boris und Joel sind euch wohlbekannt. Ihm verdanken wir die Solarfischzuchtanlagen und ihr einen großen Teil unserer biotischen Medizin, die uns manche Krankheit erspart hat. Und viele Teile mehr von den Kreisen, in denen wir leben. Ihr könnt euch sicher gut an sie erinnern, denn ihr wart alle traurig, als sie in den letzten Jahren über den großen Strom gegangen sind. Dorthin, wohin auch ich bald gehe.

ENDE

Rotbücher, eine Auswahl

Zoë Fairbairns, *Der Frauenturm*
Eine Apokalypse. Rotbuch 241. 272 Seiten. DM 15

Ernest Callenbach, *Ökotopia*
Notizen und Reportagen von William Weston aus dem Jahre 1999
Rotbuch 200. 224 Seiten. 12 Mark

György Dalos, *Neunzehnhundertfünfundachtzig*
Ein historischer Bericht
Rotbuch 258. ca. 128 Seiten. ca. DM 9

Joseph Huber, *Wer soll das alles ändern*
Die Alternativen der Alternativbewegung
Rotbuch 229. 144 Seiten. DM 9

S. Anderson, *Jeder Satellit hat einen Killersatelliten*
Gedichte. Rotbuch 253. 80 Seiten. DM 9

Paul Gratzik, *Kohlenkutte*
Roman, Rotbuch 260. ca. 176 Seiten. ca. DM 12

Libuše Moníkova, *Eine Schädigung*
Rotbuch 246. 112 Seiten. DM 9

Dario Fo, *Hohn der Angst*
Eine Farce über die Entführung einer
hochgestellten Persönlichkeit
Rotbuch 252. 144 Seiten. DM 9

Dietmar Roberg, *Theater muß wie Fußball sein*
Freie Theatergruppen – eine Reise über Land
Rotbuch 247. 176 Seiten mit vielen Abb. DM 12

Wolf Wagner, *Die nützliche Armut*
Eine Einführung in Sozialpolitik
Rotbuch 249. 160 Seiten. DM 12

Über unser vollständiges Programm informiert der Almanach
›Das kleine Rotbuch‹. Postkarte genügt:
Rotbuch Verlag, Potsdamer Straße 98, 1000 Berlin 30